墨人 著

本全集保留作者手批手稿

墨人博士作品全集【全60冊】

第七冊 小園昨夜又東風

文史哲出版社印行

國家圖書館出版品預行編目資料

墨人博士作品全集 / 墨人著 -- 初版 -- 臺北
市:文史哲, 民 100.12
頁： 公分
ISBN 978-957-549-987-7 (全套 60 冊：平裝)

1.現代文學 2. 中國文學 3.別集

848.6 100022602

墨人博士作品全集【全60冊】

第七冊 小園昨夜又東風

著　者：墨　人
出版者：文史哲出版社
http://www.lapen.com.tw
登記證字號：行政院新聞局版臺業字五三三七號
發行人：彭正雄
發行所：文史哲出版社
印刷者：文史哲出版社
臺北市羅斯福路一段七十二巷四號
郵政劃撥帳號：一六一八〇一七五
電話886-2-23511028・傳真886-2-23965656

【全60冊】定價新臺幣 36,800 元

中華民國一百年（2011）十二月初版

ISBN 978-957-549-987-7 08992

墨人博士著作品全集 總目

一、散文類

二、長篇小說

三、中短篇小說散文合集

四、詩詞及論評

附：外篇

墨人的一部文學千秋史

張萬熙先生，筆名墨人，江西九江人，民國九年生。為一位享譽國內外名小說家、詩人、學者。歷任軍、公、教職。六十五歲始自從國民大會簡任一級加年功俸的資料組長兼圖書館長公職崗位退休，但已是中國文壇上一位閃亮的巨星。出版有：《全唐詩尋幽探微》、《紅樓夢的寫作技巧》、二百九十多萬字的大長篇小說《紅塵》、《白雪青山》、《春梅小史》；詩集：《哀祖國》；散文集：《小園昨夜又東風》……。民國五十年、五十一年連續以短篇小說，兩次入選維也納納富出版公司出版的《世界最佳小說選集》。七十歲時自東吳大學中文系教席二度退休，仍著述不輟，為國寶級文學家。墨人博士在臺勤於創作六十多年（在大陸時期已創作十年），並以其精通儒、釋、道之學養，綜理戎機、參贊政務、作育英才，更以其對傳統文學的精湛造詣，與對新文藝的創作，在國際上贏得無數榮譽，如：美國世界大學榮譽文學博士、美國馬奎士國際大學榮譽文學博士、美國艾因斯坦國際學院榮譽人文學博士（包括哲學、文學、藝術、語言四類）、英國劍橋國際傳記中心副總裁（代表亞洲）、英國莎士比亞詩、小說與人文學獎得主，現在出版《全集》中。

壹、家世・堂號

張萬熙先生，江西省德化人（今九江），先祖玉公，明末時以提督將軍身份鎮守雁門關，蒙古騎兵入侵，戰死於東昌，後封爲「河間王」。其子輔公，進士出身，歷任文官。後亦奉召領兵「三定交趾」，因戰功而封爲「定興王」。其子貞公亦有兵權，因受奸人陷害，自蘇州嘉定（即今上海市一區），謫居潯陽（今江西九江）。祖宗牌位對聯爲：嘉定源流遠，潯陽歲月長；右書「清河郡」、左寫「百忍堂」。

貳、來臺灣的過程

民國三十八年，時局甚亂，張萬熙先生攜家帶眷，在兵荒馬亂人心惶惶時，張先生從湖南長沙火車站，先將一千多度的近視眼弱妻，與四個七歲以下子女，從車窗口塞進車廂，自己則擠在廁所內動彈不得，千辛萬苦的從湖南長沙搭火車南下廣州，從廣州登商輪來臺。七月三日抵基隆，由同學顧天一先生，接到臺北縣永和鎮鄉下暫住。

參、在臺灣一甲子奮鬥的過程

一、初到臺灣的生活

家小安頓妥後，張萬熙先生先到臺北萬華，一家新創刊的《經濟快報》擔任主編，但因財務不濟，四個月不到便草草結束。幸而另謀新職，舉家遷往左營擔任海軍總司令辦公室秘書，負責紀錄整理所有軍務會報紀錄。

民國四十六年，張先生自左營來臺北任職國防部史政局編纂《北伐戰史》（歷時五年多浩大工程，編成綠布面精裝本、封面燙金字《北伐戰史》叢書），完成後在「八二三」炮戰前夕又調任國防部總政治部，主管陸、海、空、聯勤文宣業務，四十七歲自軍中正式退役後轉任文官，在臺北市中山堂的國民大會主編研究世界各國憲法政治的十六開大本的《憲政思潮》，作者、譯者都是台灣大學、政治大學的教授、系主任，首開政治學術化先例。

張先生從左營遷到臺北大直海軍眷舍，只是由克難的甘蔗板隔間眷舍改為磚牆眷舍，大小一般，但邊間有一片不小的空地，子女也大了，不能再擠在一間房屋內，因此，張先生加蓋了三間竹屋安頓他們。但眷舍右上方山上是一大片白色天主教公墓，在心理上有一種「與鬼為鄰」的感覺。張夫人有一千多度的近視眼，她看不清楚，子女看見嘴裡不講，心裡都不舒服。張先生自軍中假退役後，只拿八成俸。

張先生因為有稿費、版稅，還有些積蓄，除在左營被姓譚的同學騙走二百銀元外，剩下的積蓄還可以做點別的事。因為住左營時在銀行裡存了不少舊臺幣，那時左營中學附近的土地只要三塊多錢一坪，張先生可以買一萬多坪。但那時政府的口號是「一年準備，兩年反攻，三年掃蕩，五年成功。」張先生信以為真，三十歲左右的人還是「少不更事」，平時又忙著上班、寫作，實在不懂政治、經濟大事，以為政府和「最高領袖」不會騙人，五年以內真的可以回大陸，張先生又有「戰士授田證」。沒想到一改用新臺幣，張先生就損失一半存款，呼天不應。但天理不容，姓譚的同學不但無后，也死了三十多年，更沒沒無聞。張先生作人、看人的準則是：無論幹什麼都是「誠信」第一，因果比法律更公平、更準。欺人不可欺心，否則自食其果。

二、退休後的寫作生活

張先生四十七歲自軍職退休後，轉任台北市中山堂國大會主編十六開大本研究各國憲法政治的《憲政思潮》十八年，時任簡任一級資料組長兼圖書館長。並在東吳大學兼任副教授二十年、香港廣大學院指導教授、講座教授、指導論文寫作、不必上課。六十四歲時即請求自公職提前退休，以業務重要不准，但取得國民大會秘書長（北京朝陽大學法律系畢業）何宜武先生的首肯，六十五歲依法退休。當時國民大會、立法院、監察院簡任一級主管多延至七十歲退休，因所主管業務富有政治性，與單純的行政工作不同，六十五歲時張先生雖達法定退休年齡，還是延長了四個月才正式退休，何秘書長宜武大惑不解地問張先生：「別人請求延長退休而不可得，你爲什麼反而要求退休？」張先生答以「專心寫作」，何秘書長才坦然不疑。退休後日夜寫作，因胸有成竹，很快完成了一百九十多萬字的大長篇小說《紅塵》，在鼎盛時期的《臺灣新生報》連載四年多，開中國新聞史中報紙連載最大長篇小說先河。但報社還不敢出版，經讀者熱烈反映，才出版前三大冊。當年十二月即獲行政院新聞局「著作金鼎獎」與嘉新文化基金會「優良著作獎」，亦無前例。《台灣新生報》又出九十三章至一百二十二章，只好名爲《續集》。墨人在書前題五言律詩一首：

浩劫未埋身，揮淚寫紅塵，非名非利客，孰晉孰秦人？
毀譽何清問？吉凶自有因。天心應可測，憂道不憂貧。

二〇〇四年初，巴黎 youfeng 書局出版豪華典雅的法文本《紅塵》，亦開「五四」以來中文作家大長篇小說進入西方文學世界重鎮先河。時爲巴黎舉辦「中國文化年」期間，兩岸作家多由政府資助出席，張先生未獲任何資助，亦未出席，但法文本《紅塵》卻在會場展出，實爲一大諷刺。張先生一生「只問耕耘，不問收穫」的寫作態度，七十多年來始終如一，不受任何外在因素影響。

肆、特殊事蹟與貢獻

一、《紅塵》出版與中法文學交流

《紅塵》寫作時間跨度長達一世紀，由清朝末年的北京龍氏家族的翰林第開始，寫到八國聯軍、滿清覆亡、民國初建、八年抗日、國共分治下的大陸與臺灣，續談臺灣的建設發展、開放大陸探親等政策。空間廣度更遍及大陸、臺灣、日本、緬甸、印度，是一部中外罕見的當代文學鉅著。墨人五十七歲時應邀出席在西方文藝復興聖地佛羅倫斯所舉辦的首屆國際文藝交流大會，會後環遊地球一周。七十歲時應邀訪問中國大陸四十天，次年即出版《大陸文學之旅》。《紅塵》一書最早於臺灣新生報連載四年多，並由該報連出三版，臺灣新生報易主後，將版權交由昭明出版社出版定本六卷。由於本書以百年來外患內亂的血淚史爲背景，寫出中國人在歷史劇變下所顯露的生命態度、文化認知、人性的進取與沉淪，引起中外許多讀者極大共鳴與回響。

旅法學者王家煜博士是法國研究中國思想的權威，曾參與中國古典文學的法文百科全書翻譯工作，他認爲深入的文化交流仍必須透過文學，而其關鍵就在於翻譯工作。從五四運動以來，中西文化交流一直是西書中譯的單向發展。直到九十年代文建會提出「中書外譯」計畫，臺灣作家才逐漸被介紹到西方，如此文學鉅著的翻譯，算是一個開始。

王家煜在巴黎大學任教中國上古思想史，他指出《紅塵》一書中所引用的詩詞以及蘊含中國思想的博大精深，是翻譯過程中最費工夫的部分。爲此，他遍尋參考資料，並與學者、詩人討論，歷時十年終於完成《紅塵》的翻譯工作，本書得以出版，感到無比的欣慰。他笑著說，這可說是「十年寒窗」。

《紅塵》法文譯本分上下兩大冊，已由法國最重要的中法文書局「友豐書店」出版。友豐負責人潘立輝謙沖寡言，三十年多來，因對中法文化交流有重大貢獻而獲得法國授予文化「騎士勳章」的榮譽。他於五年前開始成立出版部，成爲歐洲一家以出版中國圖書法文譯著爲主業的華人出版社。

潘立輝表示，王家煜先生的法文譯筆典雅、優美而流暢，使他收到「紅塵」譯稿時，愛得不忍釋手，他以一星期的時間一口氣看完，經常讀到凌晨四點。他表示出版此書不惜成本，不太可能賺錢，卻感到十分驕傲，因爲本書能讓不懂中文的旅法華人子弟，更瞭解自己文化根源的可貴之處，同時，本書的寫作技巧必對法國文壇有極大影響。

二、不擅作生意

張先生在六十五歲退休之前，完全是公餘寫作，在軍人、公務員生活中，張先生遭遇的挫折不少。軍職方面，張先生只升到中校就不做了，因爲過去稱張先生爲前輩、老長官的人都成爲張先生的上司，張先生怎麼能做？因爲張先生的現職是軍聞社資科室主任（他在南京時即任國防部新創立的「軍事新聞總社」實際編輯主任，因言守元先生是軍校六期老大哥，未學新聞，不在編輯之列）。但張先生以不求官，只求假退役，不擋人官路，這才退了下來。那時養來亨雞風氣盛行，在南京軍聞總社任外勤記者的姚秉凡先生頭腦靈活，他即時養來亨雞，張先生也「東施效顰」，結果將過去稿費積蓄全都賠光。

三、家庭生活與運動養生

張先生大兒子考取中國廣播公司編譯，結婚生子，廿七年後才退休，長孫修明取得美國南加州大學電機碩士學位，之後即在美國任電機工程師。五個子女均各婚嫁，小兒子選良以獎學金取得美國華盛頓大學化學工程博士，媳蔡傳惠爲伊利諾理工學院材料科學碩士，兩孫亦已大學畢業就業，落地生根。

張先生兩老活到九十一、九十二歲還能照顧自己。（近年以一印尼女「外勞」代做家事）張先生一伏案寫作四、五小時都不休息，與臺大外文系畢業的長子選翰兩人都信佛，六十五歲退休後即吃全素。低血壓十多年來都在五十五至五十九之間，高血壓則在一百一十左右，走路「行如風」，年輕人很多都跟不上張先生，比起初來臺灣時毫不遜色，這和張先生運動有關。因爲張先生住大直後山海軍眷舍八年，眷舍右上方有一大片白色天主教公墓，諸事不順，公家宿舍小，又當西曬，張先生靠稿費維持七口之家和五個子女的教育費。三伏天右手墊塡著毛巾，背後電扇長吹，三年下來，得了風濕病，手都舉不起來，花了不少錢都未治好。後來章斗航教授告訴張先生，圓山飯店前五百完人塚廣場上，有一位山西省主席閻錫山的保鑣王延年先生在教太極拳，勸張先生天一亮就趕到那裡學拳，一定可以治好。張先生一向從善如流，第二天清早就向王延年先生報名請教，王先生有教無類，收張先生這個年已四十的學生，王先生先不教拳，只教基本軟身功攀腿，卻受益非淺。

四、耿直的公務員性格

張先生任職時向來是「不在其位，不謀其政」。後來升簡任一級組長，有一位「地下律師」的專員，平時鑽研六法全書，混吃混喝，與西門町混混都有來往，他的前任爲大畫家齊白石女婿，平日公私不分，是非不明，借錢不還，沒有口德，人緣太差，又常約那位「地下律師」專員到家中打牌。那專員平日不簽到，甚至將簽到簿撕毀他都不哼一聲，因爲爲他多報年齡，屆齡退休時想更改年齡，但是得罪人太多，金錢方面更不清楚，所以不准再改年齡，組長由張先生繼任。

張先生第一次主持組務會報時，那位地下律師就在會報中攻擊圖書科長，張先生立即申斥，並宣佈記過。簽報上去處長都不敢得罪那地下律師，又說這是小事，想馬虎過去，張先生以秘書處名譽紀律爲重，非記過不可，讓他去法院告張先生好了。何宜武祕書長是學法的，他看了張先生簽呈同意記過，那位地下律師「專員」不但不敢告，只暗中找一位不明事理的國大「代表」來找張先生的麻煩。因事先有人告訴他，張先生完全不理那位代表，他站在張先生辦公室門口不敢進來，幾分鐘後悄然而退。人不怕鬼，鬼就怕人。諺云：「一正壓三邪」，這是經驗之談。直到張先生退休，那位專員都不敢惹事生非，西門町流氓也沒有找張先生的麻煩，當年的代表十之八九已上「西天」，張先生活到九十二歲還走路「行如風」，一坐到書桌，能連續寫作四、五小時而不倦，不然張先生怎麼能在兩岸出版約三千萬字的作品？

原載新文豐《紮根台灣六十年》，墨人民國一百年十一月十三日校正）

墨人博士作品全集

文學是千秋慧業
秦皇漢武今何在
李白杜甫仍風流

全集共分四大類
一、散文類　二、小說類
三、文學理論類
四、新詩古典詩詞類

我出生於一個「萬般皆下品，惟有讀書高」的傳統文化家庭，且深受佛家思想影響，因祖母信佛，兩個姑母先後出家，大姑母是帶著賠嫁的錢購買依山傍水風景很好，上名山廬山的必經之地的「天后宮」出家的，小姑母的廟則在鬧中取靜的市區。我是父母求神拜佛後出生的男子，並寄名佛下，乳名聖保，上有二姊下有一妹都夭折了，在那個重男輕女的時代！我自然水漲船高了。我記得四、五歲時一位面目清秀，三十來歲文質彬彬的李瞎子替我算命，母親問李瞎子，我的命根穩不穩？能不能養大成人？李瞎子說我十歲行運，幼年難免多病，可以養大成人，但是會遠走高飛。母親聽了憂喜交集，在那個時代不但妻以夫貴。也以子貴，有兒子在身邊就多了一層保障。母親的心理壓力很大，李瞎子的「遠走高飛」那句話可不是一句好話。

到現在八十多年了，我還記得十分清楚。母親暗自憂心。何況科舉已經廢了，不必「進京趕考」，更不會「當兵吃糧」，安安穩穩作個太平紳士或是教書先生不是很好嗎？我們張家又是大族，人多勢眾，不會受人欺侮，何況二伯父的話此法律更有權威，人人敬仰，去外地「打流」又有什麼好處？因此我剛滿六歲就正式拜孔夫子入學啓蒙，從《三字經》、《百家姓》、《千字文》、《千家詩》、《論語》、《大學》、《中庸》……《孟子》、《詩經》、《左傳》讀完了都要整本背，在十幾位學生中，也只有我一人能背，我背書如唱歌，窗外還有人偷聽，他們實在缺少娛樂。除了我父親下雨天會吹吹笛子、簫，消遣之外，沒有別的娛樂，我自幼歡喜絲竹之音，但是很少聽到。讀書的人也只有我們三房、二房兩兄弟，二伯父在城裡當紳士，偶爾下鄉排難解紛，他是一族之長，更受人尊敬，因爲他大公無私，又有一百八十公分左右的身高，眉眼自有威嚴，能言善道，他的話比法律更有效力，加之民性純樸，真是「夜不閉戶，道不失遺」。只有「夏都」廬山才有這麼好的治安。我十二歲前就讀完了四書、詩經、左傳、千家詩。我最喜歡的是《千家詩》和《詩經》。

關關雎鳩，在河之洲，

窈窕淑女，君子好逑。

我覺得這種詩和講話差不多，可是更有韻味。我就喜歡這個調調。《千家詩》我也喜歡，我背得更熟。開頭那首七言絕句詩就很好懂：

雲淡風清近午天，傍花隨柳過前川。

時人不識余心樂，將謂偷閒學少年。

老師不會作詩，也不講解，只教學生背，我覺得這種詩和講話差不多，但是更有韻味。我也了解大意，我以讀書爲樂，不以爲苦。這時老師方教我四聲平仄，他所知也止於此。

我也喜歡《詩經》，這是中國最古老的詩歌文學，是集中國北方詩歌的大成。可惜三千多首被孔子刪得只剩三百首。孔子的目的是：「詩三百，一言以蔽之，曰思無邪。」孔老夫子將《詩經》當作教條。詩是人的思想情感的自然流露，是最可以表現人性的。先民質樸，孔子既然知道「食色性也」，對先民的集體創作的詩歌就不必要求太嚴，以免喪失許多文學遺產和地域特性。楚辭和詩經不同，就是地域特性和風俗民情的不同。文學藝術不是求其同，而是求其異。這樣才會多彩多姿。文學不應成爲政治工具，但可以移風易俗，亦可淨化人心。我十二歲以前所受的基礎教育，獲益良多，但也出現了一大危機，沒有老師能再教下玄。幸而有一位年近二十歲的姓王的學生在廬山一未立案的國學院求學，他問我想不想去？我自然想去，但廬山夏涼，冬天太冷，父親知道我的心意，並不反對，他對新式的人手是刀尺的教育沒有興趣，我便在飄雪的寒冬同姓王的爬上廬山，我生在平原，這是第一次爬上高山。

在廬山我有幸遇到一位湖南岳陽籍的閣毅字任之的好老師，他只有三十二歲，飽讀詩書，與民國初期的江西大詩人散原老人唱和，他的王字也寫的好。有一天他要六七十位年齡大小不一的學生各寫一首絕句給他看，我寫了一首五絕交上去，廬山松樹不少，我生在平原是看不到松樹的，我是即景生情，信手寫來，想不到閣老師特別將我從大教室調到他的書房去，在他右邊靠牆壁另加一桌一椅，教我讀書寫字，並且將我的名字「熹」改為「熙」，視我如子。原來是他很欣賞我那首五絕中的「疏松月影亂」這一句。我只有十二歲，不懂人情世故，也不了解他的深意。時任漢口市長張群的侄子張繼文還小我一歲，卻是個天不怕、地不怕的小太保，江西省主席熊式輝的兩個小舅子大我幾歲，閣老師的侄子卻高齡二十八歲。學歷也很懸殊，有上過大學的、高中的，多是對國學有興趣，支持學校的袞袞諸公也都是有心人士，新式學校教育日漸西化，國粹將難傳承，所以創辦了這樣一個尚未立案的國學院，也未大張旗鼓正式掛牌招生，但聞風而至的要人子弟不少，校方也本著「有教無類」的原則施教，閣老師也是義務施教，他與隱居廬山的要人嚴立三先生也有交往。（抗日戰爭一開始嚴立三即出山任湖北省主席，諸閣老師任省政府秘書，此是後話。）同學中權貴子弟亦多，我雖不是當代權貴子弟，但九江先組玉公以提督將軍身分抵抗蒙古騎兵入侵雁門關戰死東昌(雁門關內北京以西縣名，一九九〇年我應邀訪問大陸四十天時去過。)而封河間王；其子輔公。以進士身分出仕，後亦應昭領兵三定交趾而封定興王；其子貞公亦有兵權，因受政客讒害而自嘉定謫居潯陽。大詩人白居易亦曾謫爲江州司馬，我另一筆名即用江州司馬。我是黃帝第五子揮的後裔，他因善造弓箭而賜姓張。遠祖張良是推薦韓信爲劉邦擊敗楚霸王項羽的漢初三傑之首。他有知人之明，深知劉邦可以共患難，不能共安樂，所以悄然引退，作逍遙遊，不像韓信爲劉邦拼命打天下，立下汗馬功勞，雖封三齊王卻死於未央宮呂后之手。這就是不知進退的後果。我很敬佩張良這位遠祖，抗日戰爭初期（一九三八）我爲不作「亡國奴」，即輾轉赴臨時首都武昌以優異成績考取軍校，一位落榜的姓熊的同學帶我們過江去漢口。中共未公開招生的「抗日大學」（當時國共合作抗日，中共在漢口以「抗大」名義吸收人才。）辦事處參觀，接待我們的是一位讀完大學二年級才貌雙全，口才奇佳的女生獨對我說負責保送我免試進「抗大」一期，因未提其他同學，我不去。一年後我又在軍校提前一個月畢業，因我又考取陪都重慶中央政府培養高級軍政幹部的中央訓練團，而特設的新聞「新聞研究班」第一期，與我同期的有爲新詩奉獻心力的覃子豪兄（可惜五十二歲早逝）和中央社東京分社主任兼國際記者協會主席的李嘉兄。他在我訪問東京時曾與我合影留念，並親贈我精裝《日本專欄》三本。他七十歲時過世，這兩張照片我都編入「全集」一百九十多萬字的空前大長篇小說（紅塵）照片類中。而今在台同學只有兩位了。

民國二十八年（一九三九）九月我以軍官、記者雙重身分，奉派到第三戰區最前線的第三十二集團軍上官雲相總部所在地，唐宋八大家之一，又是大政治家王安石，尊稱王荊公的家鄉臨川，（屬撫州市）作軍事記者，時年十九歲，因第一篇戰地特寫《臨川新貌》經第三戰區長官都主辦的行銷甚廣的《前線日報》發表，隨即由淪陷區上海市美國人經營的《大美晚報》轉載，而轉爲文學創作，因我已意識到新聞性的作品易成「明日黃花」，文學創作則可大可久，我爲了寫大長篇《紅塵》、六十四歲時就請求提前退休，學法出身的秘書長何宜武先生大惑不解，他對我說：

「別人想幹你這個工作我都不給他，你爲什麼要退？」我幹了十幾年他只知道我是個奉公守法的張萬熙，不知道我是「作家」墨人，有一次國立師範大學校長劉真先生告訴他張萬熙就是墨人，劉校長看了我在當時的「中國時報」發表的幾篇有關中國文化的理論文章，他希望我繼續寫。劉校長真是有心人。沒想到他在何宜武秘書長面前過獎，使我不能提前退休，要我幹到六十五歲多四個月才退了下來。現在事隔二十多年我才提這件事。鼎盛時期的（台灣新生報）連載四年多的拙作《紅塵》出版前三冊時就同時獲得新聞局著作金鼎獎和嘉新文化基金會「優良著作獎」，劉真校長也是嘉新文化基金會的評審委員之一，他一定也是投贊成票的。「世有伯樂而後有千里馬」。我九十二歲了，現在經濟雖不景氣，但我還是重讀重校了拙作「全集」我一向只問耕耘，不問收穫，我歷任軍、公、教三種性質不同的職務，經過重重考核關卡，寫作七十三年，經過編者的考核更多，我自己從來不辦出版社。我重視分工合作。我頭腦清醒，是非分明，歷史人物中我更敬佩遠祖張良，不是劉邦。張良的進退自如我更歎服。在政治角力場中要保持頭腦清醒，人性尊嚴並非易事。我們張姓歷代名人甚多，我對遠祖張良的進退自如尤爲歎服，因此我將民國四十年在台灣出生的幼子依譜序取名選良。他早年留美取得化學工程博士學位，雖有獎學金，但生活仍然艱苦，美國地方大，出入非有汽車不可，這就不是獎學金所能應付的，我不能不額外支持，他取得化學工程博士學位與取得材料科學碩士學位的媳婦蔡傳惠雙雙回台北探親，且各有所成，幼子曾研究生產了飛機太空船用的抗高溫的纖維，媳婦則是一家公司的經理，下屬多是白人，兩孫亦各有專長，在台北出生的長孫是美國南加州大學的電機碩士，在經濟不景氣中亦獲任工程師，我不要第三代走這條文學小徑，是現實客觀環境的教訓，我何必讓第三代跟我一樣忍受生活的煎熬，這會使有文學良心的人精神崩潰的。我因經常運動，又吃全素二十多年，九十二歲還能連寫四、五小時而不倦。我寫作了七十多年，也苦中有樂，但心臟強，又無高血壓，一是得天獨厚，二是生活自我節制，我到現在血壓還是60—110之間，沒有變動，寫作也少戴老花眼鏡，走路仍然「行如風」，十分輕快，我在國民大會主編《憲政思潮》十八年，看到不少在大陸選出來的老代表，走路兩腳在地上蹉跎，這就來日不多了。個人的健康與否看他走路就可以判斷，作家寫作如在八十歲以後還不戴老花眼鏡，沒有高血壓，長命百歲絕無問題。如再能看輕名利，不在意得失，自然是仙翁了。健康長壽對任何人都很重要，對詩人作家更重要。

一九九〇年我七十歲應邀訪問大陸四十天作「文學之旅」時，首站北京，我先看望已九十高齡的老前輩散文作家，大家閨秀型的風範，平易近人，不慍不火的冰心，她也「勞改」過，但仍心平氣和。本來我也想看看老舍，但老舍已投湖而死，他的公子舒乙是中國現代文學館的副館長，他也出面接待我，還送了我一本他編寫的《老舍之死》，隨後又出席了北京詩人作家與我的座談會，參加七十賤辰的慶生宴，彈指之間卻已二十多年了。我訪問大陸四十天，次年即由台北「文史哲出版社」出版照片文字俱備的四二五頁的《大陸文學之旅》。不虛此行。大陸文友看了這本書的無不驚異，他們想不到我七十一高齡還有這樣的快筆，而又公正詳實。他們不知我行前的準備工作花了多少時間，也不知道我一開筆就很快。

我拜會的第二位是跌斷了右臂的詩人艾青，他住協和醫院，我們一見如故，他是浙江金華人，卻體格高大，性情直爽如燕趙之士，完全不像南方金華人。我們一見面他就緊握著我的手不放，侃侃而談，我不知道他編《詩刊》時選過我的新詩。在此之前我交往過的詩人作家不少，沒有像他如此豪放真誠，我告別時他突然放聲大哭，陪我去看他的北京新華社社長族侄張選國先生，陪我四十天作《大陸文學之旅》的廣州電視台深圳站站長高麗華女士，文字攝影記者譚海屏先生等多人，不但我為艾青感傷，陪同我去看艾青的人也心有戚戚焉，所幸他去世後安葬在八寶山中共要人公墓，他是大陸唯一的詩人作家有此殊榮。台灣單身詩人同上校軍文黃仲琮先生，死後屍臭才有人知道，他小我二歲，如我不生前買好八坪墓地，連子女也只好將我兩老草草火化，這是與我共患難一生的老伴死也不甘心的，抗日戰爭時她父親就是我單獨送上江西南城北門外義山土葬的。這是中國人「入土為安」的共識。也許有讀者會問這和文學創作有什麼關係？但文學創作不是單純的文字工作，而是作者整個文化觀、文學觀，人生觀的具體表現，不可分離。詩人作家不能「瞎子摸象」，還要有「舉一反三」的能力。我做人很低調。寫作也不唱高調，但也會作不平之鳴、仗義直言。我不鄉愿，我重視一步一個腳印，「打高空」可以譁眾邀寵於一時，但「旁觀者清」，讀者中藏龍臥虎，那些不輕易表態的多是高人。高人一旦直言不隱，會使洋洋自得者現出原形。作品一旦公諸於世，一切後果都要由作者自己負責，這也是天經地義的事。

我寫作七十多年無功無祿，我因熬夜寫作頭暈住馬偕醫院一個星期也沒有人知道，更不像大陸的當代作家、詩人是有給制，有同教授的待過，而稿費、版稅都歸作者所有。依據民國九十八年一月十日「中國時報」A十四版「二〇〇八年中國作家富豪榜單」二十五名收入人民幣的數字統計，第一高的郭敬明一年是一千三百萬人民幣，第二名鄭淵潔是一千一百萬人民幣，第三名楊紅櫻是九百八十萬人民幣。最少的第二十五名的李西閩也有一百萬人民幣，以人民幣與台幣最近的匯率近一比四·五而言，現在大陸作家一年的收入就如此之多，是我一九九〇年應邀訪問大陸四十天作文學之旅時所未想像到的，而現在的台灣作家與我年紀相近的二十年前即已停筆，原因之一是發表出版兩難，二是年齡太大了。民國九十八年（二〇〇九）以前就有張漱菡（本名欣禾）、尹雪曼、劉枋、王書川、艾雯、嚴友梅六位去世，嚴友梅還小我四、五歲，小我兩歲的小說家楊念慈則行動不便，鬍鬚相當長，可以賣老了。我托天佑，又自我節制，二十多年來吃全素，又未停止運動，也未停筆，最近在台北榮民總醫院驗血檢查，健康正常。我也有我的養生之道，每天吃枸杞子明目，吃南瓜子抑制攝護腺肥大，多走路、少坐車，伏案寫作四、五小時而不疲倦，此非一日之功。

民國九十八（二〇〇九）己丑，是我來台六十周年，這六十年來只搬過兩次家，第一次從左營搬到台北大直海軍眷舍，在那一大片天主教白色公墓之下，我原先不重視風水，也無錢自購住宅，想不到鄰居的子女有得神經病的，有在金門車禍死亡的，大人有坐牢的，有槍斃的，也有得神經病的，我退役養雞也賠光了過去稿費的積蓄，讀台大外文系的大兒子也生病，我則諸事不順，直到搬到大屯山下坐北朝南的兩層樓的獨門獨院自宅後，自然諸事順遂，我退休後更能安心寫作，遠離台北市區，真是「市遠無兼味，地僻客來稀。」同里鄰的多是市井小民，但治安很好，誰也不知道我是爬格子的，連警察先生也不光顧舍下，除了近十年常有人打電話來騙我，幸未上大當外，我安心過自己的生活。當年「移民潮」去不了美國的也會去加拿大，我是「美國人」的祖父，我不移民美國，更別說去加拿大了。娑婆世界無常，早年即移民美國的琦君（本名潘希真）、彭歌，最後還是回到台灣來了，這不能說台灣是「天堂」，以我的體驗而言是台北市氣候宜人，夏天三十四度以上的日子少，冬天十度以下的日子也很少，老年人更不能適應零度以下的氣溫，我只有冬天上大屯山、七星山頂才能見雪。有高血壓、心臟病的老人更不能適應。我不想做美國公民，做台灣平民六十多年，也沒有自卑感。

娑婆世界是一個無常的世界，天有不測風雲，人有旦夕禍福，老子早說過：「福兮禍所倚，禍兮福所伏。」禍福無門，唯人自招。我一生不起歪念，更不損人利己，與人爲善。雖常吃暗虧，只當作上了一課。這個花花世界是我學不完的大教室，萬丈紅塵其中也有黑洞，我心存善念，更不造文字孽，不投機取巧，不違背良知，蒼天自有公斷，我本著文學良心寫作，盡其在我而已，讀者是最好的裁判。

民國一〇〇年（二〇一一）辛卯七月二十九日下午六時二十三分於紅塵寄廬

1951 年墨人 31 歲與夫人曾麗春女士（30 歲）結婚十周年紀念合影於左營

墨人博士七十壽辰與夫人曾麗春女士合影。此照為大翻譯家、文學理論家黃文範先生所攝，並在照片背後題「南山北海惟仁者壽」。

民國二十九年(1940)作者墨人在江西南城戎裝照。

1939 年墨人即自戰時陪都四川重慶奉派至江西臨川王安石家鄉，第三戰區前線任軍事記者創辦軍報，提供抗日官兵精神食糧。時年 19 歲。

2010 年「五四」作者墨人 91 歲在花蓮和南寺家人合影

2003 年 8 月 26 日作者墨人（中）在含鄱口觀山景點與
作者長女韻華、長子選翰、三女韻湘、二女韻真合影。

2005 年 2 月作者次子選良（右一）回台北與父（右二）及
作者夫人（中）三女韻湘（左二）二女韻真（左一）合影。

作者墨人在書房留影，時年八十五歲。

《墨人博士大長篇小說〈紅塵〉法文譯本封面照片》

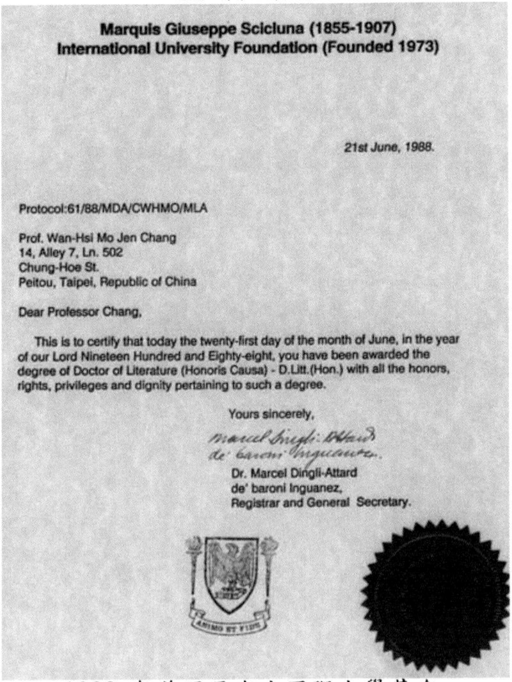

Marquis Giuseppe Scicluna (1855-1907)
International University Foundation (Founded 1973)

21st June, 1988.

Protocol:61/88/MDA/CWHMO/MLA

Prof. Wan-Hsi Mo Jen Chang
14, Alley 7, Ln. 502
Chung-Hoe St.
Peitou, Taipei, Republic of China

Dear Professor Chang,

This is to certify that today the twenty-first day of the month of June, in the year of our Lord Nineteen Hundred and Eighty-eight, you have been awarded the degree of Doctor of Literature (Honoris Causa) - D.Litt.(Hon.) with all the honors, rights, privileges and dignity pertaining to such a degree.

Yours sincerely,

Dr. Marcel Dingli-Attard
de' baroni Inguanez,
Registrar and General Secretary.

ANIMO ET FIDE

1988 年美國馬奎士國際大學基金會，授予張萬熙墨人教授榮譽文學博士學位證書。

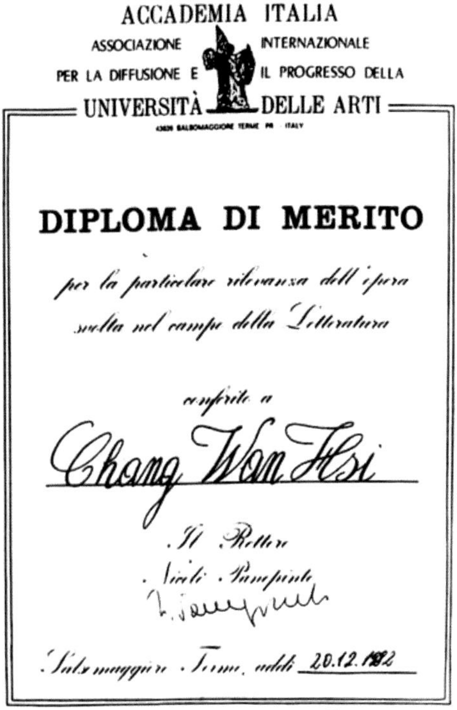

ACCADEMIA ITALIA
ASSOCIAZIONE INTERNAZIONALE
PER LA DIFFUSIONE E IL PROGRESSO DELLA
UNIVERSITÀ DELLE ARTI
43039 SALSOMAGGIORE TERME PR ITALY

DIPLOMA DI MERITO

per la particolare rilevanza dell'opera svolta nel campo della Letteratura

conferito a

Chang Wan Hsi

Il Rettore

Salsomaggiore Terme, addì 20.12.1982

義大利出版英、法、德、義四種文字的「國際文學史」的 ACCADEMIA ITALIA, 1982 年授予墨人的文學功績證書。

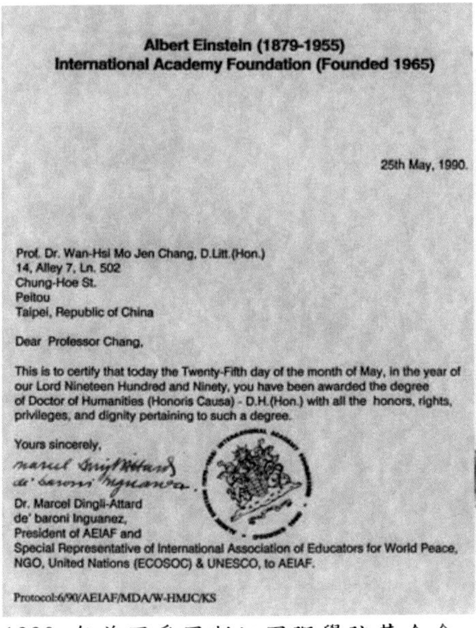

Albert Einstein (1879-1955)
International Academy Foundation (Founded 1965)

25th May, 1990.

Prof. Dr. Wan-Hsi Mo Jen Chang, D.Litt.(Hon.)
14, Alley 7, Ln. 502
Chung-Hoe St.
Peitou
Taipei, Republic of China

Dear Professor Chang,

This is to certify that today the Twenty-Fifth day of the month of May, in the year of our Lord Nineteen Hundred and Ninety, you have been awarded the degree of Doctor of Humanities (Honoris Causa) - D.H.(Hon.) with all the honors, rights, privileges, and dignity pertaining to such a degree.

Yours sincerely,

Dr. Marcel Dingli-Attard
de' baroni Inguanez,
President of AEIAF and
Special Representative of International Association of Educators for World Peace, NGO, United Nations (ECOSOC) & UNESCO, to AEIAF.

Protocol:6/90/AEIAF/MDA/W-HMJC/KS

1990 年美國愛因斯坦國際學院基金會授予張萬熙墨人教授榮譽人文學（含哲學文學藝術語言四種）博士學位

WORLD UNIVERSITY ROUNDTABLE
In Corporate Affiliation with the World University

Greetings

In recognition of Distinguished Achievement within the principles and purposes of the World University development, the Trustees of the Corporation, upon the nomination of the Secretariat, confer doctoral membership and this honorary award upon

Chang Wan-Hsi (Mo Jen)

The Cultural Doctorate in Literature

with all rights and privileges there to pertaining.

Witness our hand and seal at the International Secretariat Regional Campus, Benson, Arizona
April 17, 1989

President of the Board of Trustees

Secretary of the Board of Trustees

1989 年美國世界大學授予張萬熙墨人榮譽文學博士學位，文化大學創辦人張其昀（曉峰）先生亦獲此榮譽。

THIS PICTORIAL TESTIMONIAL OF ACHIEVEMENT AND DISTINCTION
proclaims throughout the world that
DR. CHANG WAN-HSI (MO JEN)
is the recipient of the above-mentioned Honour, granted by the Board of Editors of the
2000 OUTSTANDING SCHOLARS OF THE 20TH CENTURY
meeting in Cambridge, England, on the date set out below,
AND that the Board also resolves that a portrait photograph of
DR. CHANG WAN-HSI (MO JEN)
be attached to this Testimonial as verification of the Honour bestowed.
2000 OUTSTANDING SCHOLARS OF THE 20TH CENTURY
First Edition
Signed and sealed on the
14th December 1999
Authorized Officer

1999 年 10 月張萬熙墨人博士榮登英國劍橋國際傳記中心《二十世二千位傑出學者》第一版證書。

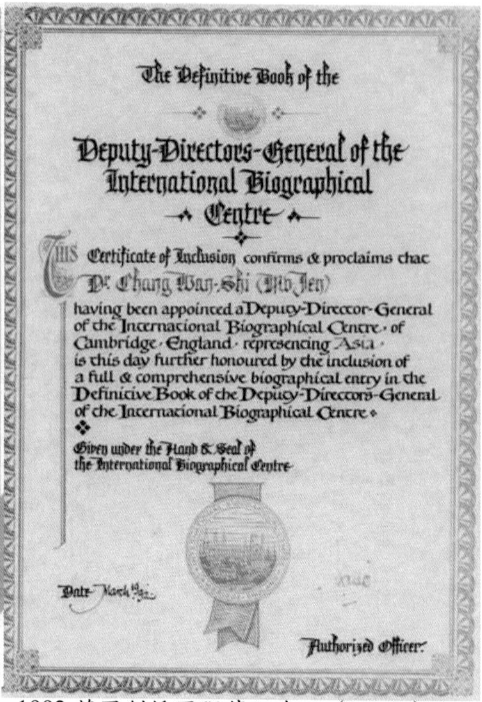
The Definitive Book of the
Deputy-Directors-General of the International Biographical Centre
THIS Certificate of Inclusion confirms & proclaims that
Dr Chang Wan-Shi (Mo Jen)
having been appointed a Deputy-Director-General of the International Biographical Centre of Cambridge England representing Asia is this day further honoured by the inclusion of a full & comprehensive biographical entry in the Definitive Book of the Deputy-Directors-General of the International Biographical Centre
Given under the Hand & Seal of the International Biographical Centre
Date
Authorized Officer

1992 英國劍橋國際傳記中心（I.B.C.）任張萬熙墨人博士為代表亞洲的副總裁。

THE INTERNATIONAL SHAKESPEARE AWARD
FOR LITERARY ACHIEVEMENT
This Illuminated Certificate of Merit commemorates and celebrates the life and work of
Dr. Chang Wan-Hsi (Mo Jen) DDG
and is therefore a rightful recipient of the Shakespeare Award for Literary Achievement and as such stands testament to the efforts made by said individual in the arena of
Poetry, Novels and the Humanities
Witnessed on the date set out below by the Officers of the International Biographical Centre at its Headquarters in Cambridge, England and signed by the Director General and Editor-In-Chief.
16th March 2009
Director General
Editor-In-Chief

2009 年 3 月 16 日英國劍橋國際傳記中心總裁與總編輯聯合授予張萬熙墨人博士國際莎士比亞文學成就獎。

International Biographical Centre Cambridge CB2 3QP England
Telephone: +44 (0) 1353 646600 Facsimile: +44 (0) 1353 646601
IBC
REF : LAA/MED/MW-13640
13 November 2002
Dr Chang Wan-Hsi (Mo Jen) DDG
14 Alley 7, Lane 502
Chung Ho Street
Peitou
Taipei
Taiwan
Dear Dr Chang
Please find enclosed the Medal in respect of the **Lifetime Achievement Award** which I hope meets with your approval.
Yours sincerely
MICHELLE WHITEHALL
Personal Assistant to the Director General
Enc

英國劍橋國際傳記中心(I.B.C.) 2002 年頒發詩人作家張萬熙（墨人）博士終身成就獎，英文信及金牌正反面照片墨人早年即被 I.B.C.推選為副總裁。

自序

今年是我七十整歲，五月間應邀去大陸作了四十天的「大陸文學之旅」，與河北省、北京市、上海市、杭州市、九江市、武漢市、西安市、蘭州市的新舊詩人、作家們，舉行了座談會，對中國文化、文學廣泛而深入地交換了意見，產生了我事先意想不到的共鳴共識；大陸詩人作家們對我個人的厚愛、尊重，我更十分感謝。六月底回台北之後，我就忙著寫「大陸文學之旅」一系列文章，要將這次前所未有的面對面的文學交流經驗和大陸詩人作家們送給我的許多作品，深入而廣泛地向兩岸讀者介紹。同時也忙著校對一百五十多萬字的大長篇「紅塵」。因為黃河文化出版社以十七天時間趕印出來的「紅塵」前五十四章樣書，經該社分送各地與會作家詩人後，我發現「忙中有錯」的地方很多，所以這次台灣新生報出版的「紅塵」全文版本，我要逐字親校三次，希望作到一字不錯，作為正式定本，這個定本，與我先送給中央圖書館的九大本手稿有些出入，我校對時有些潤飾和補正；比黃河版的五十四章本「紅塵」，自然更完整多了。此外又校對這本黎明公司出版的散文集「小園昨夜又東風」。

大陸「黃河」的雁翼先生和事業伙伴王瑜小姐，不惜耗費大量人力、財力出版「紅塵」，邀我訪問大陸並在北京與作家們慶祝七十賤辰，台灣新生報斥巨資出版二十五開[illegible]「紅塵」全文本；黎明文化事業公司也不惜工本精心編印這本「小園昨夜又東風」散文集。這三件事自然使寫作了五十年，又屆古稀之齡的我既高興又感激。本來我沒有打算為這本書寫自序，我也怕增加黎明的成本，但編者盛意拳拳，我就不能不遵囑費辭了。

這本散文集中的文字多是我退休之後的作品，而又大多是報紙的專欄隨筆，興到為之的，可惜的是「蕭齋片羽」寄台中某報發表時，我未留底稿，該報也未寄我當日副刊，後來我在我以前工作單位的圖書館發現了兩天拙作，連忙影印下來，再寫信給該報副刊主編，請他補寄副刊，卻如石沉大海，這是以前從未有過的事，而我又怎樣也找不到那斷續發表的副刊，實在遺憾。後來我又寫了一些在中央日報副刊發表，湊起來也只有這麼多。本來我還有很多話可寫，但想想真話沒有人愛聽，可能還會得罪人，我有這種經驗，所以就沒有再寫下去，讓它爛在自己肚裡。這次我雖然把這些「片羽」收集在

「小」書內，但沒有把它列為一輯，想不到編者匠心獨運，把它單獨列出來，就使這些「片羽」有點突出，有點意義。其他各輯的設計也見編者巧思。

「片羽」之外其他的文字多是怡情養性之作，寫我在這個工商業社會的自處之道，裡面有些傳統絕律詩是在別人的作品裏不容易看到的，這又是我的「不合時宜」。我雖然四五十年前就寫新詩，但我還是愛這個調調，而且愈老愈愛。

本來民國七十五年七月台灣商務印書館就出版了兩冊「論墨人及其作品」，後來又有五篇這類的大作及一篇訪問記，無法補進那兩本書裡。我怕辜負了作者的美意，也怕散失，所以一併附錄在後面。

雖然我沒有一點龍鍾老態，我自己也沒有一點老的心理，但畢竟是古稀之年了，以後的事誰也料不到，我能不能再寫？有沒有機會再出書，都在未定之天。這次編者的盛意，我不能辜負，是為序。

民國七十九年（一九九〇）庚午十月五日於台北北投

民國九十五年（二〇〇六）丙戌十月三十日重校訂於北投
時年八十有七。經榮總醫院檢查，
一切正常無任何疾病。
我更自知，一百二十歲前
還是我的創作年齡。

民國一百年底我已進入九十二歲高齡，還能連續寫作四五小時，……
且看天意。

小園昨夜又東風　目次

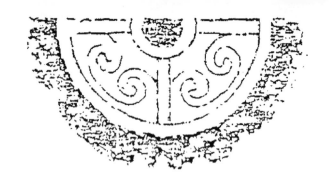

輯三・詩情

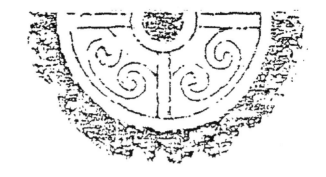

輯五·公論

8

輯一

◎蕭齋片羽

蕭齋片羽

作家的氣質決定作品的素質和思想境界。「言為心聲」、「文如其人」，偽裝的效果有限。貞女不會煙視媚行，狗嘴裏也不會吐出象牙。

文學是文學，商品是商品。商品假文學之名以行者，美其名曰「商業文學」。「商業文學」盛行，無異魚目混珠，偷天換日，宣判文學死刑。作家多怕政治傷害文學，卻忽略或是容忍商業傷害文學，因為怕人指著自己說：「吃不著葡萄說葡萄酸。」

世人有以假當真的心理，因此商場贗品充斥，內行才不會上當。但外行多，內行少，只要有商場存在，贗品出路一定很好。臺灣仿造的瑞士名錶，幾人能認得出來？

作家需要創作天才，更需要學養。有天才而無學養，充其量只能成為匠，但不免流於幼稚，淺薄；有學養而無創作天才，則畫虎不成而為化石。才情、學養兼備、作品自然高雅而啟人深思。

作品亦如作人，路遙知馬力，日久見人心。

腹笥空空的人往往會投機取巧，因投機取巧而佔盡便宜，但一次失敗便會滿盤輸；真材實料的人多一步一個腳印，往往吃眼前虧，但是立於不敗之地。

一位作家不一定要十項全能，但必須是馬拉松高手。

月亮不是外國的圓，遠來的和尚也不一定會唸經，但能看出真章的人很少。

名利當前，醉者多，醒者少；衆醉獨醒，必然定力非凡。

小聰明多，大智慧少；趕熱鬧的多，耐得住寂寞的少。

作品只論好壞，不在新舊，如今卻有新的就是好的錯覺；作家不論男女老少，應重作品人品，如今則有重女輕男，輕老重少的現象。不論品格。[illegible]

作家與作品定位適當，文學必有前途；定位錯亂顛倒，必然造成傷害。報告文學與小說混為一談，則使識者啼笑皆非。

人是年輕的俏，薑是老的辣。

溫室可以培養花花草草，不能產生偉大的作家。

作家要讀的比寫的多，不能寫的比讀的多。

只能讀一次的作品不是好作品，一次都讀不下去的不是作品。

無稜無角的人，可以成為成功的商人、政客，不能成為傑出的作家；商人政客是兩面一體，作家是一體一面，而且獨立特行。反之則否。

自視太高多妄，過份謙卑則偽；不亢不卑，謙謙君子。

曹雪芹如果為了稿費版稅寫作，不會有《紅樓夢》。稿費版稅固然是好東西，也是[redacted]戕害作家的毒藥。稿費版稅是[redacted]行為，能公平交易的很少。稿費版稅與作品價值不能劃等號。《紅樓夢》才是無價之寶。

作家不應以寫了幾百萬字或是千萬字而洋洋自得，應該省思的是究竟能留下幾個字？

招搖過市者，內心多惶恐空虛；退藏於密者，內心多充實自信。前者譁眾邀寵，後者自我肯定。

藤蘿攀牆附壁，大樹昂然獨立。

「鳥宿池邊樹，僧敲月下門。」賈島無才，大費推敲；「文章本天成，妙手偶得之。」胸羅萬貫，自然下筆有神。「擠」出來的作品，縱然字字推敲，亦如泥塑木雕，即使維妙維肖，亦無生命；草率倉卒成篇，多雜亂無章，甚至不知所云。偉大的作品則不止懷胎十月，往往是作者一生的心血智慧結晶。

成名易，成功難。一夜成名，屢見不鮮；蓋棺論定，鳳毛麟角。

任何事均可投機取巧，文學創作不然。一字一句不但墨跡斑斑，而是心血點點。投機取巧，買空賣空，必然兩敗俱傷。

工商業社會任何產品均可合成而大量複製，文學不然。文學是個人的手工業，只此一家，別無分店。

作家寫作時不能無七情六慾，無七情六慾即不能再現人生，作品即無生命；但作家的生活層次，思想境界，應該超凡入聖，才能賦予作品崇高的靈魂。

作家是背負人的軀殼行天使之道的繆斯，穿戴人的衣冠，行撒旦之道的是魔鬼，不是作家。

孽有多種，文字孽最重。

俗語說：名繮利鎖。人很難逃脫這種繮鎖。人似乎抓住了這種繮鎖，其實是他們被繮住，能完全擺脫這種繮鎖的是超人；不在意這種繮鎖，提得起放得下的是雅人；念念不忘這種繮鎖、提不起放不下的是俗人。

當今之世，名不副實的比比皆是，名實相符的鳳毛麟角。成功者未必成名，成名者未必成功。原因是名可以製造，令人難分虛實。順其自然而功成名就者原是常數，如今已成異數。

常人受寵若驚，受辱必憤；達人寵辱不驚，物我兩忘。

小有才未聞君子之大道者，大行其道。

木訥近仁，大智若愚。巧言令色，市井之徒。

虛懷若谷，深藏不露者，默默無名。真所謂「黃鐘棄盡，瓦釜雷鳴」。

反常的社會是投機取巧者的樂園，腳踏實地者的陷阱。因此投機者往往成功，腳踏實地者往往絆倒。但投機者一旦失敗，往往一蹶不振；腳踏實地者跌倒了可以再爬起來，一旦成功，往往立於不敗之地。

善於運用金錢的人，能量入為出，錢雖少而常有餘裕；不善用金錢的人，寅吃卯糧，錢再多而常虧空。善於運用時間的人，能忙裏偷閒，作些有價值的事。生命價值的提升不在壽命的長短，而在於時間的有效運用。任何東西都可以用金錢購買，時間是無價之寶，一去永不回頭。成功失敗的關鍵在此。「不善於運用時間的人，蹉跎歲月，一旦失敗便怨天尤人。

輯二

山居

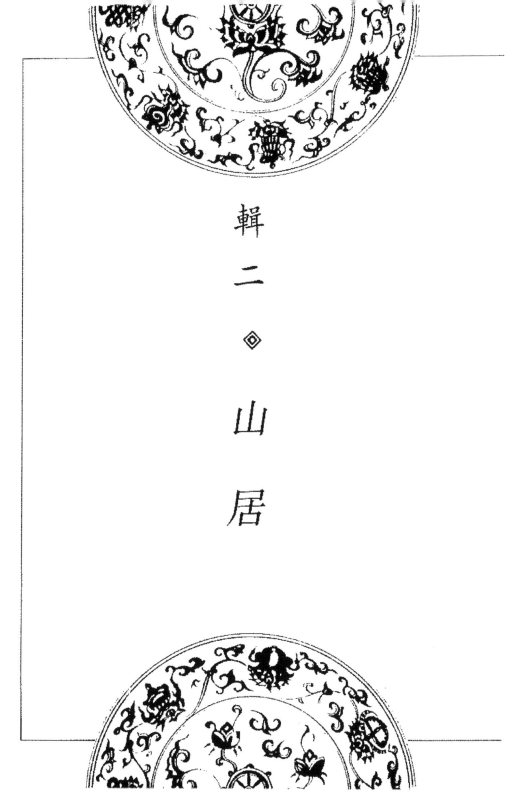

小園昨夜又東風

照規定公務人員年滿六十五歲命令退休，但亦可延至七十歲退休。不過延長退休要看工作性質和機關情形而定。我服務的機關主管都可以延長到七十歲。以現在國人壽命和健康情形而言，六十五歲並無老態，多幹五年沒有多大問題。我因個人情形不同，提早退休既未如願，年齡一到便不再延，所以我現在是「無官一身輕」了。

一般人不願退休的原因大致有兩個：一是待遇減少，尤其是簡任主管級的公務員收入幾乎少了一半，對生活不無影響；二是退休後時間無法打發，因為絕大多數公務員平日並未培養個人的生活情趣，如讀書、繪畫、寫字、寫作、音樂、運動、蒔花、養鳥……一不上班，便無所事事，一天二十四小時不能光是吃飯睡覺。如何打發掉多餘的時間，的確是一個很大的問題，也是很大的生活藝術。有些人就因為空虛、無聊而生病，尤其是主管級的公務員不免有一種失落感，從前上班覺得自己很重要，一旦退休彷彿變成了一個廢物，社會甚至家庭都否定了自己存在的價值，因此有些人一退休下來，健康迅速惡化，在三兩年內，甚至更短的時間，就走到了生命的盡頭，這是很可惜的事。其實退休以後才是人生的黃金歲月。年輕時為學業事業奮鬥，中年又要負起家庭的重擔，子女的教育，尤其是我們這一代人，在大陸時未遑寧處，來台灣後又赤手空拳，一無憑藉，都是相當艱苦的。由於二十年來的繁榮安定，大家都「運轉鴻鈞」，公務員也過著小康生活，衣、食、住，都不成問題。一旦退休，正可以優游林下，自得其樂，好好地享受這一段黃金歲月。人到了這個年齡，對社會、家庭都盡了應盡的責任，子女也已成家立業，一無牽掛，真是半個神仙，何必自尋苦惱？

六十五歲以後還有一段相當長的日子，如果不自我摧殘，活到八九十歲不是什麼難事，正可以作平日想作而未能作的事，讀平生想讀而未能讀的書，這段時間是真正屬於自己的日子，是為自己活著，不是為別人活著，只會覺得時間不夠多，不會覺得時間不能打發。

我退休半年了，和過去上班時一樣忙，但忙得開心，因為都是忙自己想作的事，一分一秒的時間都屬於自己，一點一滴的成績都是自己的，沒有別人來爭。也毋須別人考績，自己是真正的主人。一個人能自己支配自己，才有真正的自尊；能適情適性，才是真正的快樂。如果俯仰由人，別人打個噴嚏你也感冒，地位再高，金錢再多，也是痛苦。我退休以前的一兩年時間，公私兩忙，每天只睡兩三小時，一覺醒來便不能再睡，因為心裡有事放不下來。退休以後時間完全由自己支配，工作也完全是自己的，一切由自己負責，十分坦然，往往一覺睡足七八小時，即使午夜醒來，又會很快入睡，不必記掛著上班、開會，天塌下來也沒有我的事兒。有一天晚上地震相當厲害，我坐的椅子搖搖晃晃，身體也在搖擺，懸掛的日光燈更是擺來擺去，我若無其事，照樣寫我的稿子。

我經過了八十多架日本飛機的轟炸，經過了貝絲颱風鬼哭神嚎的拔樹倒屋，也經過了日內瓦到巴黎的飛機故障。我早已養成了泰山崩於前而色不變的定力。我最怕的是那些不屬於我自己的雞毛蒜皮的鬼事，硬著頭皮聽別人說言不由衷的鬼話，這些都使我心煩。要是真的天塌下來了，我倒敢頂。

退休以後，我就完全過著適情適性的生活。我寫了三首幽居詩，作為這篇短文的結束：

丙寅春日偶題

小園昨夜又東風，牆裏桃花淡淡紅。
丹桂飄香除夕近，銀鱗閃閃曲池中。

北投幽居二首

千丈紅塵百萬家，痴人不自想榮華。浩然有意棄軒冕，摩詰存心掃落花；
昨晚流星飛北斗，今朝磨墨且塗鴉。春來更覺生涯好，午夜頻頻聽鼓蛙。

北投難與輞川齊，輞水淪漣月在西。遠火寒林燈隱隱，春風細雨草萋萋；
華子岡前山翠翠，臨湖亭畔水迷迷。大屯怎比匡廬好？夢裏甘棠綠柳堤。

原載七十五年（一九八六）二月二十三日中華日報副刊

想作神仙未入禪

除夕午夜，我被喧囂的爆竹聲吵醒，又睡不著，索性起來讀書寫作。快天亮時，在爆竹聲中寫了一首「乙丑除夕」七律：

浮海乘槎四十年，今年除夕不成眠。
揚鞭也下千行淚，煮字曾耕百萬田；
回首前塵渾似夢，翻看往事宛如煙。
鏡花水月知多少？想作神仙未入禪。

過年這天天氣變壞，連續下雨，直到初三才轉好。我睡到八點鐘才起來，看天晴了便出門散步，對面的一株吉野櫻開得正好，但連日下雨，已將櫻花打落一地，沒有人掃。我沿著大排水溝拾級而上，一路漫步，發現溝渠中的蝌蚪成群，真不知道牠們是怎麼在一夜之間就鑽出來了？大自然實在奇妙。山上的松林經過連日春雨，也顯得格外青翠。溝渠對面山邊人家原來養了一些半土雞，不知道從那天開始將籠子改裝了，養了幾隻野雞和鷓鴣，我聽見鷓鴣隱隱約約的聲音十分高興，回來又寫了一首即景即興七律：

去年昨夜連朝雨，今日天明景色開。
一地櫻花猶未掃，幾株楊柳已先栽；
渠中蝌蚪如雲集，山上青松照眼來。
隱隱鷓鴣消息好，畫眉聲裏帶春回。

「乙丑除夕」是我一生的回顧，退休生活的寫照。「丙寅歲首晨起漫步即興」完全是即景即興，這兩首詩如果以白話來寫成新詩，不可能有律詩這麼簡練含蓄，意象和韻律亦不在話下。

退休的好處是有時間讀自己愛讀的書，做自己愛做的事。讀詩讀詞是我的愛好之一，我準備以半年時間讀完全唐詩、全宋詞，興來時也自己寫寫消遣，唐宋詩人詞人的作品，真正流傳的不到百分之一，往往一個人寫了幾百首，能膾炙人口的也不過幾首幾句，文學作品之難，可以想見。

我自幼愛讀詩詞，走上新詩道路是抗戰開始時的事。這四十多年來間或寫幾首絕律消遣，但沒有將絕律詩作為自己創作的正宗，直到前年我開始寫那個大長篇，我才認真地在裏面寫了三十一首絕律詩和對聯，以與時代背景吻合。想不到愈寫興趣愈高，過年時一連寫了五首，日前又寫了「感時」二首。

四十年前生死別，一朝都到眼中來。
塘邊綠柳因風舞，屋後蟠桃乘雨栽；
千里平疇翻麥浪，萬家烽火起樓臺。
西風瘦馬悲淪落，一片哀鴻處處災。

少小離家老未回，避秦有幸到蓬萊。
長江捲起千層浪，彭蠡飛揚劫後灰；

夢裏頻頻驚噩耗，醒來點點費疑猜。
家書在手情尤怯，怕道死生不敢開。

寫絕律詩也是我對詩的回顧與反省。絕律詩是我們的精緻文學，我們沒有理由揚棄自己的精緻文學。寫絕律詩並不是開倒車，我是想賦予絕律詩新生命，絕律詩同樣可以表現我們現代人的思想情感。我時常和當代少數會寫絕律詩的作家談起新舊詩問題，他們都說「還是舊詩有味道。」這是由衷之言，只是不便公開談，因為現在是新詩的時代，不敢冒「落伍」的大不韙。舊詩的語言、韻律，經過如此長時間的鍛鍊，才會完全成熟，但新詩在語文的精鍊方面吃了很大的虧，沒有辦法作到絕律詩那種濃縮地步，因此味道自然淡多了。

新詩的李白、杜甫輩，什麼時候才能出現？他們出現的遲早，恐怕也和我們能否繼承李、杜輩有關？完全割斷了李、杜輩的關係，應是新詩的損失。

原載七十四年三月十一日青年報副刊

幽居閒情

春望

大屯山上雲煙濕，淡水河邊歲月長。不見匡廬俏姊妹，難忘彭蠡好兒郎；
春雷隱隱家山遠，蛙鼓頻頻夜未央。忽忽悠悠人已老，者番風浪不尋常。

遊日月潭

清明時節訪明潭，花到荼蘼春未闌。煙雨濛濛舟點點，湖山渺渺水灣灣；
翩翩蝴蝶成新寵，落落村姑失舊歡。三十年來如一夢，欲尋陳跡畫中看。

〔註〕：今年新春，遇陳其茂兄，他盛意約我遊日月潭。我雖已是不繫之舟，但他仍在教書，金劍兄上班，不能說去就去。春假時大家有空，乃與世璋、其茂、金劍三位老台中，聯袂上日月潭。時值清明，遊客不多，出乎意料，日月潭已今非昔比矣。

初夏閒情

平生最怕是逢迎，吳市吹簫一楚人。垂老幸能辭館閣，晚年喜得出紅塵；
閉門不聽風和雨，開卷即知果是因。過眼雲煙橫嶺北，且看造化幻與真。

以上五首七律，是我最近的十三首消遣作中的一小部份。因為林下生活是我計畫嚮往已久的事，所以我退休之後不像別人那麼惶惶不可終日，甚至怨天尤人，我覺得幾十年來的光陰都耗在辦公室中，一旦時間完全屬於自己，反而感到無比的快慰，一點也不覺得無聊，甚至覺得時間更不够用，每一分鐘都沒有白活，這才是我個人的「黃金時代」。

每人都會有個晚年，正如每人都年輕過來一樣。老並不可怕，「老」代表「成熟」，不一定是「死亡」，年輕人照樣會死。生死是定數，有生必有死，是很自然的現象，沒有什麼好怕的。重要的是活要活得有意義，死要死得坦然，仰不愧於天，俯不怍於人，心安理得，順其自然，認識自己，不要作非分之想，一切盡其在我就行，成敗毀譽，泰然處之，這樣就會少掉許多無謂的煩惱。人到晚年，尤其要有這種胸懷。我的年齡還不够格說這種話，因為照人生七十才開始的說法，我的人生還沒有開始。但我一直就有這種想法，並不是從退休後才這麼想的。

和所有動物比較，人生的旅程是相當長的，尤其是現在醫藥進步，杜甫「人生七十古來稀」的說法早已打破。說「人生七十方開始」的張岳公已經九十八了。而據五月十七日英文中國郵報載土耳其政治家前總統Celal Bayan五月十六日已經一百零四歲。他在一九六〇年七十七歲時被軍事政變推翻，因為年齡大他才逃過了絞刑，改判終身監禁，隨後獲得大赦，住在他的故鄉Umurbey。他在一百零四歲的祝壽會中對訪客說：「政治和友誼」使他長壽。此外他的養生之道是喝一杯土耳其的拉基（raki）葡萄酒，從不濫用「三白——糖、奶油和麵粉。」

他因為是政治家，所以他說：「政治和友誼」使他長壽。政治是他的興趣，他始終維持這種興趣，所以他不會感到精神空虛無聊，再加上友誼和飲食節制，自然活到一百零四歲，也許他以後的日子還長。這不是天方夜譚，這是事實。

興趣是很重要的事，不論是政治家、科學家、文學家、藝術家、音樂家……只要能維持那份興趣，再注意友誼和節制飲食，長壽的機會自然增加。台北的朋友很重視三老，即老伴、老本、老友。這固然是很重要的條件，但大多忽略了節制飲食，而仍然熱中權位、名利，甚至捨不得放棄二十四圈，往往隨「雙龍抱」以俱去。

心理上的平衡尤其重要，人到晚年「戒之在得」，更不可貪。保持一份閒適的心情，不要再患得患失，比什麼都重要。但這種事說來容易，作起來比什麼都困難。有些人要他少抽一根煙、少打一場牌都辦不到，怎麼能不患得患失？怎麼能閒適得起來？而那些人都是聰明才智之士，看樣子這也只能求之於傻人了。

花鳥・生日

花鳥二首

盡日枝頭聽好音，通宵渠內有蛙聲。
渠內青蛙樹上鳥，多情伴我到三更。

十年種樹迎靈鳥，半夜栽花祇爲春。
樹上鳥聲啼不住，滿園花發更宜人。

丙寅生日有序

余生於民國第一庚申年芒種日，弱冠投筆從戎抗日，多災多難，歲月悠悠，忽忽五十年矣；乙丑退休，息影林下，得償宿願。丙寅生日，閉門讀白詩，莫逆於心。陶靖節為鄉賢，白樂天為父母官，白去陶五百年，余去白千年。余生也晚，然深愛二賢，因成一律：

投筆揚鞭五十秋，夢魂常擁大江流。
江州司馬青衫淚，靖節先生五斗羞；
姊妹峰前雲似錦，大屯山上月如鉤。
無欲無求身自在，不憂不喜一沙鷗。

我愛種花、養鳥。後院種了桂樹、玉蘭、梔子、金橘、桂樹、丁香、樹蘭、桃樹、茶花、玫瑰、曇花、三角柱、仙丹、石榴、聖誕紅、茉莉……還有一座小魚池。桂樹已經比一樓還高，花期最久，每年雙十節開花，快到端午才休息半年，每年周而復始，開花時清香撲鼻，是花中上品。其他的花也各有特色。樹蘭香似蘭花，細黃如粟米，一年也開幾次。玉蘭花大如盤，含苞待放時狀似白蓮，有一股清香，葉子也特別翠綠肥大，值得觀賞。梔子、茉莉都是香花、茉莉香味純正，花期也長。曇花壽命最短，但花大、潔白，也有一股香味，而且可治氣管疾病，有藥用價值，我常在花開後煮食。三角柱花形，顏色與曇花類似，但更肥大，十分漂亮，只是沒有曇花那股淡淡的香味。金橘開小白花，也有一點香味，每年結實纍纍，尤其在陰曆年關，樹上粒粒金黃，與聖誕紅、茶花，增添了幾分年景。金橘果實能防病蟲，也不怕鳥啄，不必噴洒農藥。其他的花都可觀賞，桃花開後還子滿枝頭，不過桃易生蟲，往往外表很好，裏面己被蟲蛀蝕，但看看也是好的。而最妙是，它能招徠許多小鳥在枝頭鳴叫、跳躍，白頭翁更是常客，早晨總是牠們把我叫醒。原來我養了幾次畫眉，因為上班照顧不周，不是飛了就是死了，現在樹木成林，鳥兒自動飛來棲息歌唱，我也不必再養了。

我後院外面是個大排水溝，那是昆蟲青蛙的天堂，入春以來，每夜青蛙嘓嘓，一直叫到天亮，這不是噪音，是一種天籟，蛙聲送我入夢，午夜夢回，又聽到嘓嘓的蛙聲，更是一種歡愉、慰藉，那聲音充滿了生之喜悅。

看花、賞花、讀詩、寫詩、聽青蛙叫，這就是我的生活：

無欲無求身自在，

不憂不喜一沙鷗。

今年生日，我也是以這種平淡心度過。世無長生藥，這樣也許可以多活幾年。

夏日詩情

夏日讀詩偶成三首

端陽已過無梅雨，暑氣蒸人夏正長。
幸有小樓作書屋，山風送我一身涼。

不冠不履不梳妝，盡日讀詩興更長。
野鶴閒雲多自在，櫥中還有紙千張。

案上桐花無限美，池中錦鯉正徜徉。
風裏鳥聲千百囀，枝頭桃熟我先嘗。

無題

來是行雲去是風，花開花謝雨濛濛。
春去猶憐紅杏葉，秋來更惜岸邊楓；
孤星落落銀河外，殘月悽悽宇宙中。
午夜蟲聲如細語，一簾幽夢正朦朧。

今年端午節一過，雨季隨之結束。原來清涼舒適的天氣，自然燠熱起來；園中的鮮花也漸漸少了。以往一直上班，辦公室都有冷氣，在家時少，書房也少利用，夏天的情況如何？體驗不多。去年退休趕寫長篇，整天躲在書房，也多利用冷氣。今年我沒有什麼非在一定期限趕寫完畢不可的東西，因此十分輕鬆，所有的時間都用在讀全唐詩上。讀詩是一種最大的精神享受，唐朝兩千二百多位詩人一生的心血成果，由我慢慢欣賞享受，一點也不覺得心煩氣躁。「心靜自然涼」，再加上我當風而坐，一陣陣山風吹來，一身舒暢，所以我才寫出「山風送我一身涼」這句詩來，這完全是寫實之作。因為我住在大屯山麓，地勢較高，每天上午九點左右開始，一定起風，不大不小，比冷氣舒服得多。這是我十年前的「預謀」，退休後才能享受這點「清福」。我非紅塵中人，不愛燈紅酒綠，所以才選擇了這個原來十分荒僻的地點定居，今天才能夠「安」下來，做自己愛做的事，讀自己愛讀的書。讀書我也不存任何功利思想，只求精神愉快，而最愉快的又無過於讀中國古典詩了。不但是讀，自己也隨興之所至，寫了不少。前面四首詩就是最近信手寫的。

中國古典詩，除了中文系的學生選讀一點外，現在已經很少人讀。我們自己的文學寶庫不打開，一直封閉著，實在很可惜。

令我意外高興的是，報載法國現在正陸續推出中國的古典詩集，最早推出的是李白詩集，李白在法國人中已經很有名氣了。最近推出的王維、寒山、鄭板橋三人的詩集，法國漢學家和出版家功不可沒，以後他們還會繼續出版其他中國古典詩集。

法國人為什麼熱愛中國古典詩？他們說中國古典詩有三大特點：一是美、二是博、三是富有哲學意義。法國人看的不錯。讀中國古典詩就會有這種享受。尤其是李白、王維、寒山、鄭板橋四人的作品。他們都游於佛道之間，思想境界都高，不執著於現實名利，能提昇人的精神生活和人的品質，近代西方一直為物質文明所苦，精神沒有出路，中國古典詩對他們無異於清涼劑，可以把他們從物慾中解脫出來。嬉皮不能解決他們的精神苦悶，存在主義也無能為力，只能更造成精神錯亂。中國古典詩卻是對症之藥。

法國人不愧是優秀民族，我也佩服他們漢學家的慧眼和出版家的襟懷。

希望我們也能把自己的文學寶庫打開，讀古典詩確是一大精神享受，也可以培養自己的詩情詩意，過著詩一般的生活。

羲皇上人

六十二歲以前，我每天早晨一定有三十分鐘至一小時的運動，假日的運動時間更長，有好幾小時徜徉在大屯山、七星山上。六十歲生日那天，我更曾在清晨四點，獨自爬上大屯山的三聖宮，到達三聖宮時天剛濛濛亮，宮裡的老人還未起來。這時正是初夏，我獨自享受一山的清靜，一山的新鮮空氣，一山的飄渺雲霧，一山的嚶嚶鳥聲，「前不見古人，後不見來者」，但我沒有陳子昂登幽州台的那種曠古寂寞，「獨愴然而淚下」；我有一種生之喜悅，不是佛家的法喜，而是宛然如仙的欣喜。中國的「仙」字是人在山邊，而我是在高高的山上，又在雲霧之中，不是神仙也算神仙了。

近幾年來一因工作太忙，二因腰椎骨刺，停止了運動。退休之後，照理應該清閒，但我是為了完成一個十多年的心願而日夜埋頭苦寫「紅塵」，這個工作完成後又補讀平生未讀書，反而比上班時更忙。因此中斷了的運動一直沒有恢復。靜坐雖然可以保持血脈暢通，但不能促進肌肉的強健，關節的靈活和全身的柔軟彈性。

幾年不動，不但走路沒有從前輕快，耐力也差遠了。因此決心恢復運動。骨刺雖時好時壞，但我已實驗出一種自我療法：痠脹時擦擦按摩樂，貼張撒隆巴斯，四五天時間也就自然好了，以往花那麼多時間金錢，到處求醫，實在冤枉。因為這種人人都會發生的毛病（骨科醫生說五十歲以上的人百分之八十以上會生骨刺，甚至二三十歲的人也會生。不發炎時沒有感覺，發炎時才會痠痛，我只是有脹的感覺，還沒有到痛的程度，更不影響行動。一位年輕的骨科醫生對我說他就生了骨刺，不痛就不要理它，痛得不能起來時就要開刀，此外沒有的辦法。但我絕不開刀，因為那不是根本的治療，手術不好還會半身不遂。）而停止運動更是得不償失。

我的住所附近運動環境很好，空氣更清新。原來颱風季節為患的貴子溪，現在已經整治完成，兩條大排水溝渠整齊有致，「貴子坑遊憩中心」也大致完成，那塊面積不小的台地新種的樹木十之七八都活了，大魚池也完工了，只是沒有放水養魚。這是一塊海拔一百多公尺的理想運動場地，日後全部完工時不但是北投市民的好去處，而我更得天時地利之便，我從家中出發，循石級上去，十多分鐘就可以到達。

前天早晨五點三十分我就上去，已經有很多男男女女先在上面運動聊天，還有幾籠畫眉掛在樹上，千迴百囀地歌唱。清新的空氣、青翠的山巒，陣陣輕風，宛如仙境，使人身心大暢。

由於幾年不運動，太極拳早忘光了，但它的基本熱身運動方法不會忘記，壓腿拔筋是使身體靈活健康的根本，也是難度最高的動作，原來我可以踢腿過頂，身體摺疊成一條直線，現在自然辦不到了，但練了兩天之後，自信一週功夫可以恢復過去水準。

愛好早起運動的人多半恬淡樂天，不急功近利，易與人相處，有一位提了兩籠畫眉的老人，我就和他自然交談起來。

我沒有問他貴姓，我認為姓名毫不重要，我看他身體很好，先問他的年齡，他說他七十三歲，聽他的口音、看他的塊頭和率直老成的性格，我就知道他是山東人，一問果然不差。

他真是一位不忮不求、無憂無慮、恬淡樂觀的人。他告訴我當年他只拿三千塊錢就「自謀生活」。我不知道他是怎麼活過來的？我也不想問。他告訴我他住在稻香里路邊一個小木屋裡，孤家寡人。

「我一天三個饅頭，十五塊錢就夠了，榮家每月給我兩千多塊錢，我還用不完。衣服也穿不爛。每天早晨蹓蹓鳥，自由自在，這就夠了。」

他一面和我說話，一面伸手打開籠子撫摸畫眉。奇怪，牠不但乖乖地讓他撫摸羽毛，還讓他捏捏尖嘴，像柔順的貓咪，我從來沒有見過這麼馴的畫眉，我也養過畫眉，兩隻飛了，一隻渴死了，從此我不敢再養。

他說話時一點也不矯情，不做作，是那麼恬淡、愉快、那麼自然。如果說真有至人，他就是今天的至人。

孔子的大弟子顏回，居陋巷、一簞食、一瓢飲，不改其樂，恬淡得令人欽佩。但顏回是知識份子；這位山東老鄉卻不是知識份子，是曾經出生入死的好漢，但好漢不提當年勇，彷彿沒有那回事，這就是古之顏回和今之顏回所不及的了。這也許就是他不短命而死能活到七十三歲身體仍然很好的原因。

住在我對面的馬先生，今年七十四、五了，也是山東人。他們兩夫婦也一道上山，看見我在這兒運動，馬先生高興地地對我說：

「我們住的真是好地方，不怕颱風，不怕水，又有這塊運動場地，我們應該滿足。」

「我們住的是福地，我很滿足。」我笑著回答。

前些時有一對素昧平生的夫婦，太太在報上看了我一篇紀念抗戰的文章，打電話到報社探聽我的籍貫。原來她是我的鄉親，又姓張，和我聯絡之後，兩夫婦一道來舍下，把我當作娘家人。他們住在新店，她先生在我樓上陽台望望滿眼的青山綠樹，連稱「仙境，仙境！」

仙境是談不上，比北依長江、南擁廬山、鄱陽湖、城內又有水天一色周瑜練水師的甘棠湖的故鄉也差遠了。比背依雄偉峻秀的廬山，面對碧波萬頃的鄱陽湖的陶淵明的故居栗里，更不可同日而語。

我一生嚮往鄉賢陶淵明的無拘無束、適情適性的田園詩人生活。他在與子儼等疏中說：

「五六月中，北窗下臥，涼風暫至，自謂是羲皇上人。」

這完全是我現在的生活寫照，只是我「坐」的時候比他「臥」的時候多。去年我曾寫了「夏日讀詩偶成三首」，其中第一首絕句是：

端陽已過無梅雨，暑氣蒸人夏正長。
幸有小樓作書屋，山風送我一身涼。

我這四句詩，和陶淵明的那四句話，只是詩與散文的不同而已。心情是一樣的。但我比陶淵明晚生一千五百年，我的生活條件雖比他好，但我的生活環境比他差得多。我到過他的故居栗里，也坐過溪中「醉石」。我沒有他那麼多的田地種桑、種粟、種菊。作為一個現代人，我的精神壓力也比他大得多。在人的尊嚴和價值上，我更羨慕陶淵明。

那位蹓鳥的山東老鄉更是羲皇上人。他雖然沒有書卷氣，不是詩人，但他那種恬淡自適，不忮不求，無憂無慮，真的到了「忘我」的境界。陶淵明也得讓他三分，我更要虛心地向他學了。好在每天早晨他會去那兒蹓鳥，我會去那兒運動，我們有一個小時相處，我會獲益不少，會更了解「快樂」的真正意義——那個金錢、權勢、名位以外的東西。

林下絮語

五六月中，北窗下臥，涼風暫至，自謂是羲皇上人。

——陶潛

時間過得真快，我退休到今天，整整兩年了。

我之退休，完全是為趕寫「紅塵」，六十四歲那年，費了九牛二虎之力，請求提前退休，未能如願，六十五歲已到法定退休年齡，「紅塵」也寫了六七十萬字，我堅決不幹（我服務單位主管人員都延到七十歲），因為我白天上班，晚上寫稿，一天只睡兩三小時，持續經年，幾至中風，住院一週，停筆一月，才漸漸頭不暈走路身體不搖擺，說話不再口齒不清，吃飯不再流口水。痛定思痛，作品第一，其他在所不計，這才退了下來。

退休之後，真的卸釋「重負」，便以半年時間，從容不迫地寫完「紅塵」，共計九十二章，一百二十餘萬字（注）總算了了十幾年的心願，也叨天之佑，保全了老命。

林下生活，是我幾十年來夢寐以求的事，我向無大志，不求聞達於諸侯，但求適情適性。而幾十年來，又如無根的浮萍，東漂西蕩，日夜為稻粱謀，要想達到這個心願，談何容易？因此蹉跎歲月，雖未折腰，但不能不要五斗米，直到有領終身俸的資格，便無後顧之憂，可以「優游林下」，「澹泊明志」了。

退休之後，我寫了「北投幽居」七律二首：

千丈紅塵百萬家，癡人不自想榮華。
浩然有意棄軒冕，摩詰存心掃落花；
昨晚流星飛北斗，今朝磨墨且塗鴉。
春來更覺生涯好，午夜頻頻聽鼓蛙。

北投難與輞川齊，輞水淪漣月在西。

遠火寒林燈隱隱，春風細雨草萋萋；
華子岡前山翠翠，臨湖亭畔水迷迷。
大屯爭比匡廬好？夢裏甘棠綠柳隄。

這兩首律詩所寫的正是我當時的心情。

我自幼愛詩，啟蒙後一兩年即讀千家詩，每讀必背，以後又自己讀陶詩，在廬山讀陶詩是一大享受，雖然那時正值少年，並不完全瞭解陶詩和陶淵明的為人，但也有一種淡泊的感受，再加上廬山風景之美，培養了我酷愛大自然，深厭塵囂的習性，所以十四年前我能貸款購屋時，便選擇了遠離臺北鬧區，地點十分偏僻的大屯山之陽的現在住宅，使我退休之後可以安身立命，怡然自得，如在臺北鬧區，我會煩死，即使現在有人在臺北鬧區送我一層一百坪的高樓大廈請我去住，我也敬謝不敏。

我的蝸居雖然不大，兩人居住倒顯得寬敞安靜，最難得的是每天清晨就有白頭翁在我後院的桃樹上叫我早起。一到春夏之交，每天晚上更是蛙鼓頻頻，伴我入夢，夏日蟬聲在我窗外如急管繁絃，聲聲入耳。一年四季，天天都有花開，加上蟲聲唧唧，鳥聲嚶嚶，滿眼青山綠樹，那千丈紅塵，榮華富貴，早已置之九霄雲外了。去年我寫了兩首「花鳥」的七絕，也是我退休後的生活寫照：

盡日枝頭聽好音，通宵渠內有蛙聲。
渠內蛙聲樹上鳥，多情伴我到三更。

十年種樹迎靈鳥，半夜栽花祇爲春。
樹上鳥聲啼不住，滿園花發正宜人。

由於我喜愛大自然和詩，我退休後的生活便沉浸在大自然和詩裏，屋後的大屯山夠我看也夠我登臨的，大屯山無異是我的後園，再大的富豪（即使他在臺北鬧區擁有幾千坪庭園）也沒有我擁有大屯山這麼富足。或許有人以為我這是阿Q精神，窮光蛋的自我滿足？也許會有人問我：

「你有土地所有權狀嗎？」

「當然沒有。」我會坦然回答。

土地權狀的意義是什麼？我以為那只是稅捐處根據那張紙向你收稅的東西，你有那張紙，稅捐處會向你要錢，你自己還要經之營之；你沒有那張紙，稅捐處不會向你要錢，你自己也不必操心。我沒有大屯山的所有權狀，但我可以免費享受大屯山的青山綠樹、大屯山的清新空氣、大屯山的藍天白雲，大屯山的蟲聲鳥語、大屯山的通幽曲徑，高興時還可以登上大屯山頂而小臺北——那一片迷濛、烏煙瘴氣的臺北。

和我相反的是，蔡辰洲在大屯山半山清天宮附近擁有好幾千坪土地，一大片別墅，我親眼看見他剷平山頭，用推土機推倒一大片相思樹林，蓋起北平天壇似的亭樓，圍起巨石大院，那種豪門巨室的氣派，豈是我這種有所寫，有所不寫，有所為，有所不為的既窮且傻的書獃子所敢望其項背？（不過我登上比他的別墅更高的地方倒可以鳥瞰那巨石鐵門大院內的一切）但曾幾何時，便斗換星移。我就知道那天夜晚他是從那座別墅內逮走的。而幾個月前他已「駕鶴西遊」，或是「蒙主寵召」，他的家屬已經放棄了他所有的財產繼承權，自然包括大屯山那座大別墅在內。真是「萬里長城今猶在，不見當年秦始皇。」何況小小的蔡辰洲？我因為住在大屯山麓，才有機會親眼看見這幕人生短劇。大屯山不是我的，但我擁有它的一切；大屯山有一大片精華之地是蔡辰洲的，但轉眼之間他便一無所有。在臺北市的兩百多萬人口中，他已經消失，稅捐處自然也不會向他徵稅。而我癡長他二十六歲，大屯山上沒有一棵樹是我的，但大屯山任我徜徉遨遊。誰富誰貧？誰有誰沒有？這就可以不言而喻了。

我雖是臺北市的筆耕小民，但我認為我相當富足，而且自由自在，無牽無掛。炎炎夏日，安然坐在北窗之下讀詩消遣。去年夏天，我也寫了「夏日讀詩偶成」七絕三首，完全是即興之作：

端陽已過無梅雨，暑氣蒸人夏正長。
幸有小樓作書屋，山風送我一身涼。

不冠不履不梳妝，盡日讀詩興更長。
野鶴閒雲多自在，胸中還有紙千張。

案上桐花無限美，池中錦鯉正徜徉。
風裏鳥聲千百囀，枝頭桃熟我先嚐。

由於自由自在，無牽無掛，去年我以一年時間，讀完了全唐詩四萬八千九百多首，而且寫了一本「全唐詩尋幽探微」，這個月內商務印書館就可以出版了。這也是我退休後過林下生活的一點點收穫，快樂的源泉。

芸芸眾生，為名也好，為利也好，總是碌碌一生。不論成功失敗，應該在垂暮之年，留下一點時間，享受人生，才不白來世間一趟，要知道人是什麼也帶不走的。所以我認為現在才是我個人的黃金時代。窩囊了一輩子，只有現在的生活，雖南面王不易也。

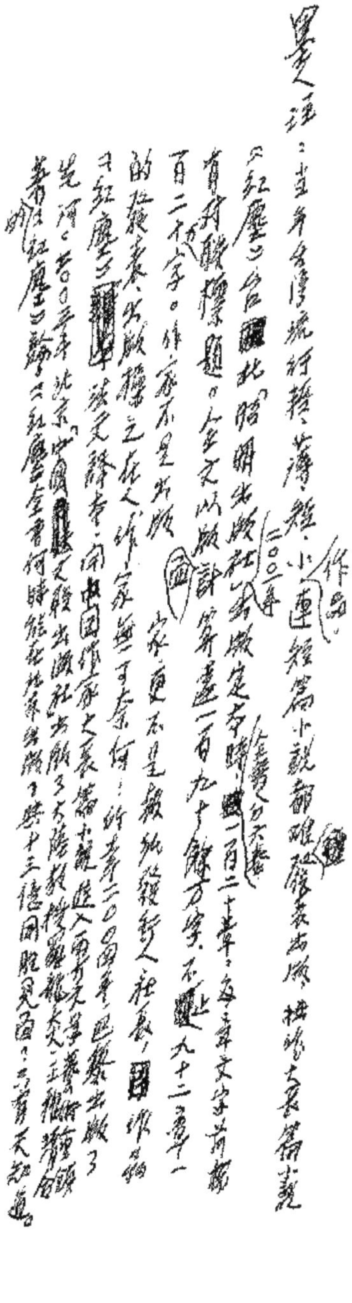

浮生兩章

一、圓融

遠在美國俄亥我州首府，素昧平生的張義博士，看了我在中副的一篇悼念之作，談到幾位文友誤於酒的事，特此送了我一本E.G.White著的Health and Happiness，由中副轉寄給我，還附了一封信說我「勸人戒酒，善莫大焉。」又說作者雖從聖經取材，然有益健康……張博士的盛情和中副的傳遞我都十分感激。

西方文化離不開聖經，但信徒真能遵守十誡的並不太多。不論西方人，東方人，酗酒的大有人在。

酒和菸不同，菸有百害而無一利，酒少飲倒能幫助血液循環，鬆弛緊張心情。臨睡時喝半杯白蘭地之類的好酒，可以安眠，中西醫都有相同的看法。

生活是一種藝術，喝酒也是一種藝術。喝酒最可以看出一個人的修養，懂得生活藝術和喝酒藝術的人絕不會醉，更不會成為酒徒，而一般人往往不能控制自己，不知「適可而止」，而「好酒貪杯」。人不能去「貪」，一切後果都很嚴重。所以宗教的戒律中，「貪」是犯戒的。無論「貪財」、「貪色」、「貪杯」……都不允許。「貪杯」還是比較輕微的犯戒，但也往往「自食其果」。人是容易墮落的，不論學問多大？信仰如何虔誠？見可欲，很少不貪。正如公職人員明知「貪污」犯法，還是有人作奸犯科，不顧後果。

老子說：「不見可欲，其心不亂」但在現在這種工商業社會，「可欲」的事太多，然大別之仍然不外酒、色、財。而見欲心亂，一亂即貪，貪便是禍亂之源。小則傷身、送命，大則破壞社會秩序，危害整體安全。這種壞事，傳播媒體每天都有報導，而且一天天升高，已經到了「人欲橫流」的地步，使很多有心人都有「世風日下，人心不古」的慨歎。

我不是宗教家，也沒有任何宗教信仰，我尤其不能接受具有排他性和霸道思想，又無科學基礎，甚至違反宇宙自然法則的宗教；我更不是說教者，也不是假道學。但我服膺宇宙自然法則，相信真理只有一個。而中國固有文化就是一個重視宇宙自然法則，又能詮釋宇宙自然法則，且能發揮整合功能，而產生一種和諧關係，相生相長的文化。人為的宗教尚不足以語此。宗教的力量有限，宇宙自然法則應用無窮。因此，虔誠的教徒也會犯戒，而瞭解宇宙自然法則、盈虛消長真諦的人，都能自我調整，十分達觀，更不會犯人為的戒。在喝酒這件小事上自然更能進退自如，不會一發不可收拾，而至酩酊大醉。因為否泰之間的盈虛消長是在隨時調整、適應，十分圓融，剎那、永恒，莫非太極。宇宙如此，個人亦復如此。能識此中妙諦者，無不進退自如，行藏若定，酒、色、財，豈能亂性？

工商業社會帶給人的是功利思想、刺激、緊張，容易造成精神失調。人與自然隔離愈遠，人與人接觸愈多，緩衝愈少，摩擦愈大，人際關係自然更加緊張。因此，強力膠、孫悟空……便成為青少年的避風港，而酒也成為很多內心空虛的成年人的恩物，尤其是歷經滄桑、哀樂中年的人自我逃避、解脫的法寶。那些自命為萬物之靈的人，一杯在手，便兩眼迷糊、不知天高地厚、天南地北了。愈是重視西方知識思想的人，愈難自拔。現代中國人喝了太多的西方奶水，不能自我調整、適應，造成了精神生活的空虛，這是很可惜的事。

要想在現代社會中進退自如，行藏若定，真正灑脫，不必悲秋，也不必病酒。能瞭解盈虛消長之數，便可處之泰然。

六祖慧能的「菩提本非樹，明鏡亦非臺，本來無一物，何處惹塵埃？」是一個「無」的世界，是佛家追求的目標。而我們所處的是一個「有」的世界。但「有」生於「無」，有無相通，並不隔絕，而是一片和諧圓融。一生錯覺，即見假象，自然煩惱。在「有」「無」之間，進退自如，需要真知；通達圓融，更是智慧。

二、閒適

十年前我在大屯山之陽找到了一個棲身之所，作為退休之後安身立命之基。今天我是「得其所在」了。

當年此地交通不便，離市區又遠，人煙也少，買什麼都不方便，在別人看來，一無可取，而我卻視為福地。因為大屯山不必買，屋後還有一小塊空地，適是我夢寐以求的。十二年來我經之營之，屋後這一小塊空地，已經變成一個四季花開，春意常在的綠園了。

退休後我的生活格外充實而閒適，不但能補讀平生未讀書，坐在小陽台上面對小園和大屯山，相看兩不厭，心物契合，寵辱不驚，俗慮全消，嚮往了幾十年的與人無爭、與世無忤的林下生活，總算如願以償了。

我的幽居詩第一首是我退休生活的寫照：

千丈紅塵百萬家，癡人不自想榮華。
浩然有意棄軒冕，摩詰存心掃落花；
昨晚流星飛北斗，今朝磨墨且塗鴉。
春來更覺生涯好，午夜頻頻聽鼓蛙。

這首詩是過陰曆年時寫的。現在是暮春時節，綠意更濃，天剛亮白頭翁就在園中桃樹上報曉，悅耳的聲音一聲聲傳來。茶花、桂花雖然謝了，而梔子花、茉莉花、玉蘭……卻又含苞待放。我又寫了一首「暮春」：

桃葉深深子滿枝，隔牆楊柳細如絲。
東風緩緩催花發，微雨霏霏得句遲；
粉蝶翩翩堪入畫，黃鸝滴滴好吟詩。
小園淑氣同春在，兩耳蛙聲夢醒時。

這是暮春即景寫實，住在臺北市高樓大廈的人無法想像，當年我之所以捨近求遠，就是為這一點點精神享受。雖然「北投難與輞川齊」，更難與明山秀水的故鄉相比，但比千丈紅塵的臺北好多了。困擾了我很久的慢性喉頭炎，時常使我半途發不出聲音，咽喉總是有什麼東西粘住似的，甚至發腫，現在居然不藥而癒了，鼻孔裏再也沒有黑煙，睡眠更十分安穩，往往一覺睡到天亮，這是以往所沒有的。何以如此？說穿了不過是「閒適」二字。別人退休後耐不住寂寞，我卻有神仙的感覺。不為物役，便有快樂，健康自在其中。

歲暮低語

現在雖然是陽曆民國七十七年元月底，但在中國人的風俗習慣上還沒有「過年」。以甲子計年來說，現在還是丁卯年臘月，要到臘月十七日（陽曆二月四日）亥時立春後才是戊辰年，正式進入民國七十七年的節令。這是年內立春，因為今年閏六月的關係，立春也特別早。

每逢歲尾年頭，不論是政府或個人，多有「檢討過去，策勵將來」之舉。這種回顧與前瞻，是一件好事，不論是得是失，都可以自我省思。曾子「吾日三省吾身」，我們一年才省思一次，已經比先賢差遠了。

我自乙丑年退休，歷丙寅、丁卯，這將近三年的時間，我倒是沒有浪費，彌補了過去十九年當公務員的一些損失。乙丑年趕完了大長篇《紅塵》，丙寅年寫完了《全唐詩尋幽探微》，丁卯年我又將全唐、五代、和宋詞兩萬六千三百餘首全部讀完，而且也完成了《全唐宋詞尋幽探微》的工作，這兩年來天天面對唐（含五代）宋詩詞大家，自得其樂，是我這一生之中最安定，最愉快的日子。

或許有人以為我在「開倒車」，為什麼放下創作埋首在故紙堆中？但我卻不以為我是開倒車。文學與科學稍有不同，文學必須「繼往」，才能「開來」。如果將我們前輩詩人作家嘔心瀝血的作品棄如蔽屣，或是一無所知，如何能傳承？如何能充實自己、壯大自已？只有那些「天生的詩人作家」，才不讀古人的作品，也不讀別人的作品。我自知不是「天生的「詩人作家」，所以我要讀今人的作品，更要讀經過千百年的考驗，已經肯定其價值的古人的作品，只有這樣，自己才不至於變成東飄西蕩的無根的浮萍。

同時讀古人的文學作品，並不止於文學欣賞而已，還可以從他們的作品中瞭解國家興亡的契機。

大家都知道岳飛的「滿江紅」之一「寫懷」的那首慷慨激昂，卻少有人知道他《

登黃鶴樓有感》這首《滿江紅》寫中原兵燹，「千村廖落」的荒涼景象和「鐵騎滿郊畿，風塵惡」的情形。自然更少有人知道他的「小重山」了。他的「小重山」是這樣寫的：

昨夜寒蛩不住鳴。驚回千里夢，已三更。起來獨自遶階行。人悄悄，簾外月朧明。

白首為功名。舊山松竹老，阻歸程。欲將心事付瑤琴，知音少，絃斷有誰聽？

岳飛三更不寐，遶室徬徨，和「知音少，絃斷有誰聽？」的苦思焦慮、孤掌難鳴的苦況，我們只有從他的「小重山」中才能體會。他是主戰抗敵的愛國英雄，但他孤立無援，最後還被求和賣國的秦檜害死。這個歷史悲劇，在他的三首詞中已見端倪。岳飛死時才三十九歲，這三首詞寫作的時間當更早。他是真正的青年愛國軍人。

宋朝自毀長城，岳飛一死，大勢已去。南宋亡後，情形如何？我們從汪元量的「洞仙歌」（毘陵趙府兵後僧多佔作佛屋）中，可以印證。

西園春暮，亂草迷路行。風捲殘花墮紅雨。念舊巢燕子，飛傍誰家？斜陽外，長笛一聲今古。

繁華流水去。舞歇歌沉，忍見遺鈿種香土。漸橘樹方生，桑枝才長，都付與，沙門爲主，便關防，不放貴游來，又突兀梯空，楚王宮宇。

趙宋亡後，宅第變作佛門，舞歇歌沉，沙門爲主，舊日王孫，想要參觀都不放行。

汪元量另一首大長調「鶯啼序」（重過金陵）更發人深思。而度宗昭儀王清惠的「滿江紅」中更有「龍虎散，風雲滅……」「鼙鼓揭天來，繁華歇」「千古恨，憑誰說？」而和她一起變為俘虜的宋室宮人更寫了不少「長相思」、「望江南」，道盡濶望江南和北地楚囚生活的淒苦，且引三首〈望江南〉如下：

一、楊慧淑作

江北路，一望雪皚皚。萬里打圍鷹隼急，六軍刁斗去還來。歸客別金臺。

江北酒，一飲動千杯。客有黃金如糞土，薄情不肯贖奴回。揮淚灑黃埃。

二、華清淑作

燕塞雪，片片大如拳。薊上酒樓喧鼓吹，帝城車馬走駢闐，羈館獨淒然。

燕塞月，缺了又還圓。萬里妾心愁更苦，十春和淚看嬋娟。何日是歸年？

三、周容淑作

春去也，白雪尚飄零。萬里歸人騎快馬，到家時節藕花馨，那更憶長城？

妾薄命，兩鬢漸星星。忍唱乾淳供奉曲，斷腸人聽斷腸聲。腸斷淚如傾。

宋室宮人都是江南佳麗，這些「望江南」詞都是送別和她們一起俘虜到燕京的琴師、詞人汪元量而作的。但他們「兩鬢漸星星」還不放歸江南，還要他們唱供奉宋朝皇帝的詞曲。趙宋亡了，宮人也跟著受苦受難。

宋宮人的作品不是無病呻吟，而是她們身為俘虜的心聲，所以首首哀感動人，我同情她們，亦多歷史感慨，也填了一首〈鷓鴣天〉：

玉樓金闕變荒丘，粉黛宮娥淚不收。羌管角聲驚客夢，才人寫盡燕山愁。

雲黯黯，恨悠悠，兒女情懷繞指柔。望徹江南千里路，楚囚腸斷薊樓秋。

詞多為抒寫個人情懷，尤以李清照、朱淑真等女詞人的作品為甚，賺人的眼淚也最多。但文學並不止於個人抒情，也是反映時代的最佳寫照。如岳飛、汪元量、宋官人等等的作品，都是歷史的見證。而古今中外的偉大作品，多與時代息息相關，作者絕不自外於他所生息的時代。索忍尼辛便是一個最好的例證。

一年將盡夜，丁卯年快結束了。明年戊辰又將如何呢？我不願開空頭支票。我仍將盡我的本分，不浪費時間，閉門讀書寫作，以彌補大半生以時間換取生活費的重大損失。

森林浴

德國人提倡森林浴還是最近十年的事，但是已經引起世人的重視，現在台灣也有不少人重視森林浴，我們一般社會風氣是，凡是外國人提倡的事都容易而且迅速地接受，國人提倡的事反而不大見效，這也許是相信外國人的科學知識比我們的高的關係？

「森林浴」為什麼對健康有益？主要的是空氣裡的陰離子關係。而陰離子最多的地方又是空氣新鮮的深山森林，這個道理我們的祖先知道最早。中國歷來修仙修道的人多在深山，很少寄身鬧市，練武的人亦復如此，中國武術最高的除了嵩山、少林和尚外，武當、峨嵋、與少林可謂鼎足而三。因為和尚道人長住深山，練武亦最有效。武當完全是道家，所謂劍仙都是道家中人，他們的武術、劍術為什麼那樣登峰造極？

除了苦練之外，和他們住在深山，天天沐浴在森林中大有關係。因為修仙練劍最重要的關鍵是「吐納」。所謂吐納就是靜坐呼吸，儘量以新鮮空氣中的陰離子培養本身的元氣。元氣足，精神自足，精、氣、神足，自然健康長壽，道家最懂養生之道，也就是最具有生理科學知識。武術、劍術，猶其餘事。

現在台灣大都市的空氣已受到嚴重的污染，足以危害人體健康，尤其是台北市，在無風多霧的日子，人體更受不了。我在中山堂上班十八年，染上了嚴重的慢性喉頭炎，後來嚴重到講話變調，甚至會突然發不出聲音，喉嚨成天都有東西粘住，非常不舒服。醫生也束手無策。退休兩年多來，除每周進城上課一次外，我儘量避免上台北。這半年來竟不知不覺，沒有再發生講不出話來，或變腔走調的現象，使我喜出望外。本來我的聲音很亮，說話不費力氣，現在雖然還沒有恢復二十年前的水準，但比前幾年好多了。這就是因為我住在大屯山邊，空氣好，再加上我經常登山，少受空氣污染之害，多吸收空氣中的陰離子的關係。

我親身體會到這個好處之後，最近更決定每天清晨爬上三四百公尺高的小坪頂上的涼亭作運動，這段山路很陡，樹林又密，清早上下三四百公尺的陡峭山路，不但可以鍛鍊體力，更可以充分吸收樹林中的陰離子，對身體絕對有益。

第一天清早出門時我看錯了錶，把五點看成六點。因為山下有路燈的關係，也不覺得時間太早。當我走上貴子溪邊的水泥路時，發現有四五位老太太隨著我後面跟上來，（她們一向早起運動。）我更不覺得時間太早。當我進入樹林中時，發現林中還是一片漆黑，而那幾位老太太卻停在大水溝邊的水泥路上作運動，沒有跟上來。我很奇怪天怎麼還沒有亮？根據我在貴子坑休息活動區早起作運動的經驗，冬天六點多應該天亮了。我因為沒有手電筒，看不清路，怕遇著毒蛇，不敢摸索上山，便停在樹下作運動，沒有多久，便有四五位早起登山運動的中年男女持著手電筒上來，我便跟他們一道上山。爬上小坪頂上的涼亭，天還沒有亮。根據我早幾年的經驗，我從家中出發，快步上山，二十五分鐘可以到達這座涼亭，現在體力還沒有恢復六十歲左右的水準，走這段路的速度大約要多十分鐘。

登上這座涼亭後，有幾位打著手電筒繼續上清天宮去，只有一位留在涼亭邊作運動。我不打算再走，一邊作運動一邊等待日出。

在涼亭上看北投，燈火通明，百齡路更像一條燈光輝煌的巨龍，台北市真是萬家燈火，不夜之城，只有天上的繁星差可相比。但是此刻天上無月無星，四周的霧氣也重。沒有多久，灰濛濛的晨霧，將北投和整個台北市都淹沒了，看不見一盞燈光。偶爾從霧海裡浮出一兩盞隱隱約約的燈光，又透著幾分神祕，彷彿海中的幽靈的眼睛。

過了一會，濃霧漸漸分裂、撕開，天上漸漸亮了，這時涼亭內只有我一個人。那位先生已經悄悄地走了，我沒有注意，他也沒有帶走一片雲。

我仍然在清晨的雲霧中運動，享受這頓最豐盛的早宴，空氣中透著濕潤，翠綠的樹葉的清涼和芬芳，這種充滿著陰離子的清涼空氣，在台北市是享受不到的。

我在山上做了一個多鐘頭的清晨森林浴，回到家裏再洗個熱水澡，一身輕鬆舒暢。這種滋味是住在紅塵萬丈的台北市的朋友們體會不出來的。而我卻可以天天享受這種奢侈的早宴，我可以算得上是一位擁抱大自然的富翁了。

平時燒香

人過六十歲以後，健康狀況自然會走下坡。在外表上是更加「發福」，臉上、眼角多有皺紋，甚至出現「老人斑」……行動比較遲鈍，上樓梯也會喘氣……等等不一而足，因人而異。這是看得見的方面。那些看不見的「隱形殺手」可能更嚴重。什麼高血壓、心臟病、糖尿病、膽固醇與三酸甘油脂過高……隨時都會奪去生命。很多人今天看來還很好，三天不見，可能已經「哲人其萎」、「典範長存」，這都是司空見慣的事。朋友之間就有不少人先「走」了，有些人年齡還不到六十歲，意外事故的還不在內。生命是寶貴的，早走的人雖然留有「去思」，但總是十分可惜的，尤其是那些「品學兼優」，不是泛泛之輩的長才。

別的事情都可以「亡羊補牢」，唯獨「生命」不能補，一口氣兒上不來，就「人天永隔」，無論是什麼英雄好漢，或是妙筆生花的大天才，閻王老子要他三更走，絕不會留他到五更，連萬能的上帝也無能為力，充其量只能接他去「天國」。

但是人自己還是有點作為的，不過這要平時燒香，不能臨時抱佛腳，這不像學生參加大專聯考，考前開夜車，也許可以過關，而這個關卻不是那麼好過，只有平日燒香，會對付「隱形殺手」的人，活得健康愉快，也可以遲一點向閻王老子報到。

現在醫藥發達，保健常識也普遍提高，所以國民壽命也提高不少。根據內政部人口資料統計顯示，臺灣六十五歲以上的人在民國三十五年只有一五五二〇三人，佔當時人口百分之二，到民國七十五年增為九八一〇〇〇人，佔總人口百分之五，四十年間增加了六、七倍。而臺北市到去年為止，六十五歲以上的人則佔全市人口百分之五．一，比別的地方還高，這是一個可喜的現象。

可是上面談到的那些「隱形殺手」，仍然十分猖獗，由於生活日漸富裕，殺手得逞的機會也相對增加，藥物雖然可以防堵殺手，但不是治本之道，一有疏忽，殺手便趁虛而入，取人性命。醫生認為最好的辦法還是從飲食、運動兩方面著手，方能確保健康。

飲食方面各大醫院的營養專家都一再發表過健康食物食譜。澱粉、脂肪、蛋白質、礦物質……都有適當的份量，可是很多人都嫌麻煩，似乎都沒有耐心地計算，甚至有人會說：「那樣活著多辛苦？」

其實不必那麼斤斤計較，中年以後只要把握高纖維、高蛋白、低脂肪、低澱粉、低鹽份這幾個大原則就行。

適當的運動更是維持健康的重要因素。中老年人運動的項目很多，太極拳、快步走、散步……都很適合，每天不少於三十分鐘就行，能早起更好。

飲食、運動有益健康人人都知道，可是卻沒有幾個人能遵照醫生的勸告實行。以飲食來說，就是一大誘惑，現在臺灣要吃什麼就有什麼，天天山珍海味已不稀奇，再加上應酬多，有的人像歌星趕場一樣，吃了這一餐又去趕那一頓，雞、鴨、肉、鴿、鰻魚、鴿蛋、鱉……甜的、油的、炸的、煎的，應有盡有，色香味俱全，再加上果汁、汽水、洋酒、國產酒，喝酒時還要相互較量較量，即使自已不喝，也要想辦法把別人灌醉，美酒佳餚當前，口腹之慾大增，能拒絕誘惑的又有幾人？尤其是寫作的朋友，更經不起這種誘惑。且以李辰冬教授為例。

十年前我們一道參觀某單位，他坐在我身邊，他雖大我十來歲，承他不棄，向不見外，我知道他有嚴重的糖尿病，而且冰凍三尺，擺在我們面前的果汁汽水，他一大杯一大杯的喝，我勸他不要喝，他笑著拍拍口袋說：

「沒有關係，我口袋裏有藥，喝過之後再吃藥就沒有事了。」

我雖然再說了幾句，他還是談笑風生地照喝不誤，我知道他是個老好人，好得有點天真，再說下去無益，向來忠言逆耳，有很多人還沒有接受忠告的雅量，我曾不只一次勸朋友不要抽煙，有的朋友竟回答我：

「我只有這個嗜好，再不抽煙那活著還有什麼意思？」

我只好啞口無言。

李辰冬先生當然不是這種人，但我也只好看著他把瓶子喝乾。

五年前他創辦復興國學院、計劃課程都安排得很好，他辦中華文藝函校時就請我批改作業，這次特別請我講「紅樓夢」（他是紅學專家，他以紅樓夢論文獲得法國文學博士學位），我們經常見面，他熱情天真如昔，但我發現他的腳趾已在潰爛，不良於行，我知道後果嚴重了！一年多後，他果然死在美國。

言次田原去世，很多人感到意外，卻是在我意料之中，因為我知道田原喝酒的資格很老，糖尿病也早已上身，李辰冬先生原來比他健壯，由於不善保養，還是沒有享盡天年，但他活了七十多歲，田原只有六十歲，都是很可惜的。

關於運動也是說起來容易作起來難。很多人要他爬兩層樓梯都不肯，非坐電梯不可，要他早起打太極拳、快步走三十分鐘，他不罵你神經病就很客氣了。即使明知自己有高血壓等「隱形殺手」埋伏在身體裏面，還是抽煙、打牌、大吃大喝不誤，他認為那才是及時行樂，享受人生，後面還有醫生作靠山，怕什麼？

人吃了幾十年的五穀雜糧，自然會生病，機器使用年限久了也會故障，人生病、機器故障，是自然現象，只要能及時修護保養，就可以維持健康、延長壽命。

我四十多歲時因患風濕而接受朋友勸告，每天起早有規律地運動，直到六十三歲以前從未間斷，六十三歲那年發現脊椎長骨刺，一方面我以為是運動傷害，一方面事情太忙，就停止了登山和早晨的軟身運動，但靜坐並未完全停止。幾年下來，發覺身體關節有些不聽使喚，行動不如從前輕快，最近又恢復早起運動，每天一個多小時，一周功夫就恢復了六十歲以前和宋瑞兄一道登山時的那種輕快健康水準。

在飲食方面，十年來我完全遵照健康飲食原則，從不貪口腹之慾。我的體重由十年前的七十六公斤降到六十四公斤，六十四公斤保持了九年，最近一年又降到現在的五十九公斤，完全合乎標準體重。我經常檢查，沒有任何毛病。血壓七十一百二十，其他一切正常。

最近出席第七屆中韓作家會議，那天早餐我和立委作家趙文藝女史同桌，我讚美她保持了二十歲小姐的苗條身材，她說她只有一個原則：

「有拒絕美食誘惑的勇氣。」

她身為立委，應酬之多可以想見，可是她沒有成為啤酒桶，這就是平時燒香的結果。

禍福無門，唯人自招。健康飲食、運動，全靠平日持之以恆。我寫這篇短文的這天早晨一點多鐘就起床了，四點多鐘出門運動，六點三十分回家，看完了中英文報紙，快到中午才開始寫作、吃過午飯後，休息一會又繼續寫，完稿停筆時是下午三點差十分，還是毫無倦意，這也是一次健康考驗。今年我六十八了。我向來不瞞年齡。

春不老

生、老、病、死是人生必經的過程，這一過程，涵蓋在佛家的成、住、壞、空的至理中，道家的理論源自易經、易經的陰陽互變、生生不息、是道家追求長生不老、與日月參光，與天地為常的最高目標，為達到這個目標，道家又發展了一套養生修仙的理論與方法，以求成為永生和法力無邊的金仙。因此中國神仙故事很多。呂巖（洞賓）是大家最熟知的八仙之一，他是唐朝禮部侍郎呂渭的孫子，河中府永樂縣人。咸通中考進士沒有考取，遊長安酒肆，遇鍾離權授以修持方法而成仙得道，鍾離權是咸陽人，他遇老人授仙訣，又遇華陽真人上仙王玄甫傳道而成仙。他有「題長安酒肆壁」絕句三首，「贈呂洞賓」長詩一首，他的三首絕句之一是：

坐臥常攜酒一壺，不教雙眼識皇都。

乾坤許大無名姓，疏散人間一丈夫。

呂洞賓是他的學生，呂洞賓的詩很多，有七言律詩一百一十三首，五言律詩十六首，七絕三十二首，首首都是修道成仙的關鍵之作。呂洞賓的詩才極高，他之沒有考取進士只能說是時也，運也，命也，在全唐詩人中，以他和寒山子的思想境界最高，寒山子表面上佛道難分，其實他是道家中人。

呂洞賓的詩首首都好，但他是以詩傳道，未學過道家修持方法的人即使文學修養再高，亦難瞭解其真諦。我只舉其一首七律，以見一斑：

憑君子後午前看，一脈天津在脊端。

金闕內藏玄谷子，天池中坐太和官；

只將至妙三周火，鍊出通靈九轉丹。

直指幾多求道者，行藏莫離虎龍灘。

這首詩是完全指人身的關竅和靜坐吐納的時間和方法。呂洞賓之所以能成仙得道，在他的詩中可以找出答案。我們知道道家都會用劍，武當派的劍術是很有名的，張三豐是武術劍法高人，呂洞賓更是劍不離身。他有一首「得火龍真人劍法」七律一首，完全是夫子自道：

昔年曾遇火龍君，一劍相傳伴此身。
天地山河從結沫，星辰日月在停輪；
須知本性綿多劫，空向人間歷萬春。
早夜鍾離傳一語，六天宮殿欲成塵。

呂洞賓在民間信仰和神奇傳說與佛家的觀音大士幾乎相當，都是家喻戶曉的仙佛，但成佛成仙卻非易事，因為太難，而又沒有幾個人親眼見過仙佛，所以有些自命有科學知識頭腦的人多斥之為妄。但呂洞賓的作品俱在，生平籍貫可考，不是我胡說。佛家有一句話：「佛度有緣人」。無緣難度。佛家重在一個「緣」字，道家亦復如此，不過道家重在一個「數」字，「緣」與「數」名雖不同，其實是二而一的，都是指的「前因」，所以佛道兩家思想不相排斥，而且不謀而合的地方很多，譬喻說道家重六通、佛家亦講六通，所謂「正信不言神通」，只是怕人走火入魔而已。

想成仙成佛的人很多，但是很難達到目的。不過長壽卻是可以辦到的。中國歷史上長壽的彭祖，壽高八百歲，這是很多人都知道的，但比彭祖更早的廣成子曾對黃帝說：

「來，吾語汝，彼其物無窮，而人皆以為終；彼其物無測，而人皆以為極。得吾道者上為皇而下為王……吾與日月參光，與天地為常，故我修身千二百歲矣，吾形未嘗衰。」（見莊子外篇在宥）黃帝見廣成子時，他已經一千二百歲了，這應該不是莊子胡說八道，即以現在台灣花蓮的山地婦人宋金娘來說，她今年已經一百一十五歲，張岳公很注重養生之道，他是否深通黃老之學和修持方法？不敢妄測。

人吃五穀雜糧，自然會生病，加上現在的空氣污染和果菜農藥，更容易生病。幸好現代醫學發達，除癌症尚無特效藥外，其他疾病大都可以醫治。所以國人平均壽命女人已超過七十五歲，男人也已超過七十歲。不過還是有很多人短命而死，除交通事故外，大多和酒色無度、好勇鬥狠，任性吃喝、貪、嗔、癡、妄有關。

怎樣保持健康？達到長壽的目的？很多人都不要求自己，完全倚賴醫生。其實醫生只是健康顧問，並不是疾病代理人。如果不聽醫生的話，就是華佗再世，也還是救不了你的命。我不妨舉三個實際的例子。

李辰冬教授體質健壯，人也天真渾厚，應該是人瑞級的壽星，可是他有糖尿病。糖尿病本身並不可怕，只要能控制飲食，保持運動，便可以過正常生活，也可以長壽。他是否經常運動？我不得而知，但是有一次參觀，我和他坐在一塊，他面前的一瓶汽水，一瓶果汁，他都喝得精光。我知道他有糖尿病，一再提醒他不要喝，他笑著拍拍口袋說：

「我有藥，吃了藥就沒有關係。」

他那時只有六十多歲，外表還是很健壯的。但是幾年之後，他找我教書時，他的腳趾已經出了問題，不良於行，其他方面也已惡化，他知道問題已經嚴重，但我們談天時他從來沒有提過那一瓶汽水一瓶果汁的事，他此時的惡果卻早在我預料之中，一年後他就辭世了。

姜貴和我認識訂交時，經濟情況最差，他已經戒酒，在台北多年，他的確滴酒未飲。因為他十分健壯，是作家當中的山東大漢。由於血壓高、曾接受醫生勸告減肥很多。我對於他戒酒和減肥的決心和毅力，暗自欽佩。想不到他到台中以後，突然時來運轉，中了愛國獎券。我知道他不能有錢，有了錢毛病就多。果然他又喝起酒來，而且喝卯時酒。這是他突然去世後台中朋友告訴我的。

趙滋蕃和我訂交比姜貴早，也比姜貴年輕十幾歲。他的破紀錄的高血壓文藝界的朋友都知道，糖尿病也很嚴重，他除了有一枝健筆之外，也是一位大迷糊。他矮壯如牛，最後也是喝酒喝死了。他去世時剛六十出頭，是三人中最年輕的一位。

我幼年多病，十天難有三天好的，十五歲那年又得了「濕溫」，其實是傷寒，病在床上一兩個月，後來雖倖免一死，但頭髮都掉光了。十九歲那年我正接受軍官教育，長途行軍到四川，又遇瘟疫，我也染上了。十分危險，同學中已經死了好幾位，躺在我一板之隔的一位當地老百姓也死了。那位好心的程戡銘中醫把我死馬當活馬醫，他暗中對照顧我的堂兄說，他今天下的一劑猛藥，是死是活？明天天亮之前可見分曉。這天晚上我是什麼都不知道，也許已經進了鬼門關？第二天天剛亮，程醫生就趕來探視，發現我還沒有死，我似乎聽見他對堂兄說：「沒有關係了，死不了。」可是這一次我又拖了一個多月，頭髮也快掉光了。

我兩次大病雖然死裏逃生，但因而得了胃病，因為病後飲食沒有調節，抗戰時的「八寶飯」，再加上食不定時，有時清晨匆匆忙忙吃一頓「八寶飯」，一直到晚上七八點鐘宿營時才能吃第二頓，營養更不必談。抗戰八年，都在躲警報和逃難中過生活。民國三十二、三年，我在贛州通宵編報時，夜晚十二點也只能吃點醃黃瓜或蘿蔔乾下稀飯，偶爾加一個白水煮蛋，那就算是大補了。所以我飯後一直吐酸水，吐食物，後來一吃熱稀飯就吐。一直到台灣，還是如此。但是生活總算安定下來。因此，我飲食定時、不吃任何刺激性的東西，沒有吃過一次藥。本來想以胃病理由退役，但在三軍總醫院由吳靜大醫師檢查結果，說我沒有胃病，不能出具證明，我這才知道近二十年的胃病居然好了！現在快七十歲了，我的胃口奇佳，消化力特強。這是自己保養自療的一個實例。

第二個毛病是我四十歲時自軍中提前退役，因為我知道我不是作官的料，所以不求上進。退役養雞失敗，只好拼命寫稿。那時住的是眷舍，房屋矮小悶熱，汗流浹背，稿紙透濕，一年有幾個月用電扇對著背心吹。幾年下來，一天早晨兩眼一睜開，突感背痛，左手臂發麻，手麻，手臂抬舉都有困難，我知道這是風濕病，歷經中西醫都診不好。朋友告訴我可去圓山五百完人塚那邊向王延年先生學太極拳，但必須清晨五點就要趕到，風雨無阻。他問我能不能做到？我說只要有效我一定能做到。他說只有這一個辦法可以醫好。那年正月初四我就準時趕到圓山，向王先生報名，起先兩三個月只教我攀腿拔筋等基本動作，我認真學習，練到兩腿發紫，進度比任何人都快，不到一個月，我身體的柔軟度就可以和那些學了幾年的「大師兄」不相上下，而同時學的黃靜嘉律師卻辦不到。我每天出一身大汗，回家洗一個熱水澡，不到三個月，不但風濕完全好了，身體反而更健康。

由於我學會了太極拳，有點功夫，又有身輕如燕的感覺；後來我又向一位前清高人劉培中老師學靜坐，太極拳劍，及道家六通、長生不老之術，身體更好，胃口更佳。每天早晨我打拳之後，要吃一大杯牛奶加一個雞蛋，一大調羹蜂蜜，還要一大海碗麵，直到我五十七歲丁巳年，我去歐洲開會，大吃蘋果西餐西點，回國後因咳嗽遇到江西籍的好大夫（惜已忘記姓名），要我住院檢查，驗血的結果發現血糖飯前一三五，飯後二一〇，尿中無糖，他說我有糖尿病，我完全不相信，因為我的運動量大，又懂靜坐吐納，怎麼會得糖尿病？（其實那時我對糖尿病一無所知）但我忽視了一點，因為運動量大，除了早餐營養過度，甜分太高之外，中午要吃三碗飯，晚上回家除了吃三碗飯之外，還要吃三條香蕉或四五個橘子、柳橙、看電視時還要吃菱角、花生一大堆，那時我體重七十六公斤，身高一七〇公分，大夫勸我減輕體重，而且要營養師開給我一個飲食單。我一看，一天的熱量還不如我吃一頓，如蘋果只能吃四分之一個，飯只能吃一小碗的八分量，饅頭只能吃一小個的四分之三或麵包兩薄片，還有很多我愛吃的甜食澱粉之類的東西不能吃，如花生、菱角、巧克力糖等等。照那飲食單上的分量，真不够我塞牙，尤其是那些愛吃的東西都不能吃，照別人看來這樣活著還有什麼意思？但是我嚴格遵守醫生的指導，每月減輕了四公斤，一直減了十公斤才停住。到第二個月我的血糖就完全正常，十一年來，每兩個月檢查一次，一直正常，其實我已經不必檢查，就知道體內狀況。現在我的體重只有六十公斤，因為我除了嚴格遵照醫生的指導限制熱量之外，我改以薏仁當主食，這是我的「發明」，（起先只是聽朋友說可以治皮膚病，因為我的頭皮一直不好，經我查中國醫藥辭典，發現薏仁可以延年益壽，輕身養氣，好處很多，因此十年來，我在家中不吃米飯）我在六十五歲開始寫大長篇「紅塵」時每天上班來去十一小時，回家時除了吃飯、洗澡之外，每天晚上只睡兩三個小時，一直熬夜寫作，這樣持續了一年多，才突然出現天旋地轉的毛病，拖了上個月才遇到薛一鴻大夫，讓我住進醫院檢查治療，住了一個禮拜，睡眠充足，自然好了起來，又繼續寫作，終於完成了百多萬字的「紅塵」。當初我是準備拼掉老命，完成此一心願的，由於過去十多年來的運動有素，靜坐有益，所以幸能保住老命。如果我像李宸冬教授一樣，不自我控制飲食，只逞一時口腹之快，今天的結果如何？那真不敢想像。醫生只是顧問，藥品也不是萬靈丹，自制自療才最可靠。

另外攝護腺肥大是老年男人的通病，我也未免，只是不很嚴重。多年來西醫開了幾種藥給我吃，都沒有效。後來有一位老友，告訴我一個偏方：茅草根二兩、穿山甲四錢、五碗水煮成一碗半，溫服。第二次三碗半水煮成一碗，溫服。治攝護腺肥大有效。我曾將此方告訴很多朋友，他們都持懷疑態度，多未採用。我原先只吃五六劑，雖有效果，但不太大。半年前有一個晚上我起來五六次，本想開刀。醫生不保證沒有危險，而且還說，幾年之後又會長大復發。我便將上述單方連服三十劑，效果大佳。現在每晚最多起來一次，通常通宵酣睡不起，比年輕時還好。這個單方老年朋友可以採用。名記者、教授樂恕人兄，開刀後聽我說有如此特效，很後悔當初沒有採用我告訴他的這個單方。它不但有效，而且只要二十五塊錢一劑，十分便宜。

骨刺是一個不論年齡、性別的很普通又難治的毛病，西醫除開刀之外別無他法。中醫、跌打損傷密醫、都說可以治好，其實都不能治好。我腰椎骨刺可能是登山造成的，那是七年前的事，我登山很快，我從北投家中爬上大屯山上七八百公尺高的三聖宮只要七十分鐘。從七星山、大屯山主峰下來，我總是連蹦帶跳，二十來歲的年輕人絕不是我的對手，可能造成了「運動傷害」，那時我才感覺到腰痠發脹。我在公保作過電療、中醫開過藥方，很多跌打醫生作過推拿，也作過腳底板按摩，以及針灸等等，先後花了十幾萬元，耗了不少時間，結果證明統統無效。我退休專為趕寫「紅塵」，那有時間管它？更無時間登山？結果它自然好了，即使偶爾不舒服，擦擦按摩樂，再貼一張撒隆巴斯，三五天自然會好。我的心得是：身體不要太勞累，不要受涼，適當運動，自然會好。中醫西醫都治不好，不必花冤枉錢。開刀者重則傷殘，好了也會再生復發。我信西醫，也信中醫，但寧死絕不開刀。

現在我幾乎天天清晨登山運動作森林浴，上下兩個小時，適可而止。身體柔軟度又恢復了以往的十之八九。有一對中年夫婦天天開汽車到山腳下，再走上山和我在亭子裡運動。對我身體的柔軟度他們羨慕不已，其實我已經不如從前。

一個人要想成仙成佛，很不容易，這繫乎「緣」與「數」，和勤苦的修持。要想長壽健康則不難。醫生認為人的平均壽命是一百五十歲，但這只是常數。事實上還有變數。彭祖八百不是神話，超過一百五十歲更有可能。尤其是八字格局六神配合得宜，生化有情，四柱不犯刑沖剋害的，以今天醫藥的進步，再加上飲食、運動配合，健康長壽絕無問題。世界上沒有真正的敵人，自己才是自己的敵人，一切成敗全在自己。

現在我沒有任何毛病，我的保健之道是：飲食方面採取高蛋白、高纖維、低澱粉，以番茄、芭拉、胡蘿蔔當水果，便足夠營養，心理衛生方面是保持閒適的心情，多與鳥獸草木為伍，少進城市，少開會，除去功利思想，尤忌爭權奪利。運動方面要適度，持之有恆。我平生無大志，卑之無甚高論，又沒有一百歲，這篇拙作僅供有緣朋友參考。

畧之註：我[illegible]八十七歲[illegible]
一切正常，無任何疾病，一位皮膚科的年青[illegible]
[illegible]大的肉瘤，[illegible]化驗後，[illegible]是良性
[illegible]。我[illegible]八十七歲[illegible]長壽了，我[illegible]
三十多年，自知[illegible]明年丁亥年（二〇〇七）起，至一百二十
歲，[illegible]不會停筆。可以創造
一個世界[illegible]的長壽紀錄。

二〇〇六年十二月三日 [illegible]

過一個輕鬆愉快的年

農業社會有兩句諺語：「小孩子望過年，大人望插田。」從這兩句諺語，可以看出小孩子和大人兩種不同的心情。

過年是一年當中最有意義的休閒時間，從臘月二十四過小年起，一直到正月十五送龍王爺上天止，都是在過年的範圍之內。其實在臘月二十二送走灶神之後就百無禁忌了。

送灶神是女人的事，人一年之中總難免犯錯，無意之間也可能褻瀆了灶神，譬喻說，不慎在灶神面前打雞罵狗，埋怨翁姑、怨天尤人，或是清早起來忘記洗手就上灶，這都是褻瀆灶神，所以女人在這一天都戰戰兢兢，希望灶神「上天奏好事」，向誰奏呢？自然是至高無上的玉皇太帝啦。女人除了在那天要齋戒沐浴，向灶神口頭祈禱之外，有些大戶人家的女人還要請讀書先生做好疏文，恭恭敬敬地寫在黃裱紙上，由她跪在灶神面前一面磕頭祈禱，一面焚化疏文，向玉皇大帝正式報備，灶神是女人與玉皇大帝之間的使者，一言九鼎，為福為禍，都在灶神一念之間。過了臘月二十三日，灶神就在天上度假，不管人間的事兒了。

二十四這天就殺雞、宰鴨、殺豬、剖魚，醃起來過年，內臟和血都在二十四小年這天打牙祭。有錢人家醃得更早一些，年貨也早已辦齊了。

二十四以後完全是休閒時間，沒有人再下田地工作了。多半是整理庭園、豬圈、牛欄、打掃清潔。三十這天才貼紅紙對聯，用綿紙糊窗戶，真的是「爆竹一聲除舊歲，桃符萬戶迎新春」了。

除夕是大團圓夜，縱然是天涯遊子，也要趕回家來骨肉團聚，萬一趕不回來，也要放一雙盅筷，虛位共享。在吃年夜飯之前，全家大小一定要沐浴更衣，祭拜天地祖先，然後才能吃飯。這頓飯菜之豐盛，自然是一年當中獨一無二的了。但是有三樣菜是不能吃的，那就是祭祖的豬頭、雄雞、鯉魚三牲，牠們頭上、身上都貼了紅紙，雄雞頭尾還各留了一撮雞毛，要過初七才能吃這三牲。好在過年的雞鴨魚肉很多，也沒有人想吃牠們，窮人家沒有這三牲，就用木製的代替。故鄉是魚米之鄉，我還沒有看見過用木雕的三牲祭祖。

年夜飯後大人便發壓歲錢，小孩子最高興了。衣帽鞋襪全是新的，還有壓歲錢，而且還可以和大人一起擲骰子押寶，推牌九。小鬼一出鬼門關，那分高興是難以形容的，十之八九是痛痛快快玩個通宵。

初一要向長輩拜年，大人一清早就成群結隊上廟裡向菩薩拜年，然後沿家挨戶拜個「跑年」，不管誰一見面就「恭喜發財，年年如意，步步高升……」。初三以後往娘舅親戚家拜年，小孩子禿子跟著月亮走，有吃有喝有玩還管住，外孫在外婆家住十天半月也是常事。故鄉不叫外婆叫「家婆」，顯得更親。初十開始玩龍燈，這是大人小孩都高興的事兒，一直玩到正月十五夜，十六清晨才送龍王爺上天。故鄉的鑼鼓隊可以說是全中國最好的，我在別的地方還沒有見過。

過舊曆年不但是最好的休閒娛樂日子，也是最好的生活倫理教育方式。

今年我也可以過一個輕鬆愉快的年了，十幾年的大心願已經完成，又「無官一身輕」，可以優游山林了。

生活情趣

現在是工商業社會，大人忙著賺錢，錢賺得愈多，物質生活享受愈高，千萬元[illegible]的一棟住宅，[illegible]百萬元的一輛汽車，已是司空見慣，日常酒席宴會，[illegible]、兩萬元一席菜，千元以上一瓶酒，是很普通的事。這固然表示我們的繁榮富裕，同時也說明了我們日趨奢侈浪費。但是在高度的物質生活享受之後，精神生活也可能相當空虛。

而一般莘莘學子，除了忙於課業，爭取學位之外，也深受工商業社會「賺錢第一」的影響，甚而無心讀書。最近李遠哲博士就慨歎他所挑選的五名李遠哲獎學金的優秀學生成績退步。他說現在的學生不肯用功讀書，寧願去證券行炒股票。學科技的學生尚且如此，其他文法商科的學生更可以想見。他們既要求學，又急於忙著賺錢，體力的消耗自然很大，精神上的負擔更不言而喻。可以說他們比成人更苦。在這種競相賺錢的社會風氣之下，自然更談不上生活情趣了。

但人畢竟不是機器，即使是機器，也需要潤滑劑，不然也會產生金屬疲勞，發生故障。人是高等動物，是所謂萬物之靈。人和其他動物不同，就在於人的智慧和靈性。人除了要滿足衣、食、住、行的基本需求之外，還需要精神生活，如文學、藝術、音樂、戲劇……的陶冶、浸潤，這和物質生活是不分軒輊的。人之所以為人，人類社會之所以有歷史、文化，精神生活是一個重要的催生劑。一般動物之所以不能創造文明，就在於牠們只能滿足生存的基本需求，而無所謂精神生活，自然不能創造精神文明。

我們具有五千年的歷史文化，在幾十年前的農業社會，我們物質的生活條件自然不如今天，但是精神生活卻比今天豐富多了。尤其是從前的知識份子，更重視精神生活，那時的讀書人，多通詩、詞、歌、賦、琴、棋、書、畫，甚至醫、卜、星、相。不如此，不能算是個真正的讀書人。而他們的重視生活情趣，（也可以說是精神享受）更彼此津津樂道，見之於文字的更膾炙人口。

現在的人自然沒有幾十年前人的那種閒情，但是仍然可以忙裡偷閒。蒔花、養鳥、登山、游水，仍然可以辦到。林語堂先生講究「生活的藝術」，這就是生活的藝術，也是藝術的生活，這種生活最可以紓解工商業社會的「精神緊張」，比什麼克勞酸之類的藥物好得多。不僅有益健康，而且可以緩和人與人之間的緊張關係，造成整個社會的和諧，對國家的安定也大有助益。

生活情趣是可以培養的，而且精神生活所費不多，而收效則最大。我最近僅以八百元台幣買了一隻畫眉鳥，掛在窗口千迴百囀，勝過電視上的流行歌曲、「天天開心」節目千百倍。以最少的消費，得到最高的享受，而又能產生心平氣和，與人無爭的效果，那又何樂不為呢？

一年前我裝了一個華北衛星戲曲頻道的小耳朵，可以坐在家中看京戲，這是我最大的享受。六十年前抗戰勝利，我就趕到上海工作，每天必看一場京戲，馬連良、梅蘭芳、周信芳、言菊朋……生、旦、淨、丑名角，我都看過，那時節是天蟾唱，梅蘭芳演「四郎探母」的公主，也是一人到底，不像現在四演四郎、二演公主，這對演員的功力是最好的考驗。現在的北京的生、旦、淨、丑演員，多是他們的第二、三代，不能相提並論，如梅葆玖，比梅蘭芳就差多了，尤其是扮相，和僵硬的身段，毫無青衣美感。一九九〇年我應邀訪大陸四十天，周而復先生還陪我看了一場京戲，我沒有發現什么瑰寶，但我甚喜李維康夫婦也出席歡迎我的座談會，並送了我戲裝照，他們兩位可以說是「珠聯璧合」，尚無出其右者。

二〇〇七年元月一日夜。

大自然的畫家、歌手

喜愛大自然的人，不是詩人便是畫家、音樂家。大自然所給予人類的精神生活享受，絕非紅塵萬丈、燈紅酒綠的都市物質生活可比。物質生活水準愈高，精神生活水準愈低；一味追求物質生活享受的人，難免庸俗，重視精神生活的人，自然高雅。

詩人麥穗，因工作關係，生活在大自然懷抱中長達二三十年，民國六十八年以他長期生活在台灣森林中的生活體驗所寫的詩集出版，名為「森林」，因此有「森林詩人」之稱。他的森林詩寫得很好，可惜當時我忙，沒有把我讀後的感想寫出來。

詩宜於抒情，宜於寫景，但有很多事情詩是無能為力的。民國四十二年大業書店出版我的三十多萬字的長篇小說《閃爍的星辰》，就是我覺得以詩的形式無法表現才以小說形式完成的作品；近年完成的一百五十多萬字的長篇小說「紅塵」，更非詩所能勝任的。這就是我為什麼在寫詩之外要寫小說的原因。

同樣的，麥穗是一位純粹的詩人，他為什麼在出版了「森林」詩集之後，又以散文形式來寫森林？他在後記中有很多明確的交代：「因為用詩很難包容森林的龐雜層面，因此我選擇了散文。」人類社會比森林複雜得多，不但詩不足以表現，散文也只能止於點和線，小說可以包羅萬象，詩亦涵蓋在內。

詩和散文在句法上有相當大的差異。如果以散文的句法寫詩，縱然分行，也不是詩，因為散文的句法淡而無味，缺少詩意；如果以詩的句法寫散文，雖然是散文的形式，卻富有詩意。因為詩的句法玲瓏、雋永，富有意象美。

因為麥穗是詩人，善於用詩的句法來寫散文，所以他在描寫森林的諸般面貌中，有許多突出的表現，是一般散文作者不易辦到的。為了便於鑒賞，我必須引用一些原文。

「當白雲在樹稍上散步時，幾乎一伸手就可以摸到它。」（森林之旅）第一句完全是詩的句法，「白雲在樹稍上散步」，這意象多美？不是詩人，便難寫得出來。

「當整座山淋浴於金色朝陽中，霧才漸漸地隱退，順手抓把晶瑩露珠，成串成串地綴掛在每一根枝稍上，和遍地羊齒類植物的葉光，像掛滿了一盞盞的小燈籠，等著朝陽伸進樹縫中，把它們一一點燃。」（森林之旅）這一段文字由於作者善用類比手法，以一盞盞小燈籠，形容一滴滴露珠，又以朝陽「把它們一一點燃。」這就生動鮮活起來。

「鉛字像林間一隻隻的小鳥，穿梭在我的眼前，跳躍在我心靈深處的樹叢裏，我聽到每一個字都有一個美妙的鳴音。」（清晨的溪畔）這是作者寫他清晨在溪畔讀書的情形，將書中的鉛字和林間的小鳥融為一體，人亦與大自然合而為一。

「沿著溪勢攀登，兩旁時而巨木插天，林樾蔽空、時而峭壁聳立、藤蔓長垂，灘淺處水流湍急，細石如鱗，歷歷可數，潭深處波平如鏡，水清見底，魚蝦悠游其間……。」（五重溪）這一段文字和吳均「與朱元思書」中寫富陽至桐廬一百多里途中風景，可謂異曲同工。

「一入春……山林裏是一片茫茫乳白，山風拂過，樹在霧裏像一群喝醉了的酒鬼，搖搖晃晃地，踩著蹣跚的步子移動著。

霧濃的時候會像一大塊凝結了的乳酪，與一棵棵的樹緊緊地結合在一起，似乎可以用力把它一塊一塊地切開來。有時霧會流灑成一條河，白浪隨著微風輕掀，掀起綠波粼粼，那份輕逸和飄忽，是霧最富詩意的時刻。」（山景四幅——春霧）

「下雪時，林內林外幾乎被分隔開，林梢的上空瑞雪紛飛，林蔭之下卻乾爽如昔，因為整個林間被濃密的樹冠伸張成一張廣大的帳篷，置身林中似乎不會感到天在下雪，但當雪霽天晴，陽光照耀在晶瑩剔透的積雪上時，森林裡面卻有一場雨在形成，陽光越烈雨勢越大……」（山景四幅——冬雪）

以上兩段寫「春霧」、「冬雪」的山景，是作者獨特的經驗，似乎沒有人寫過。其中，「夏雨」、「秋雲」也有獨到的寫法。這篇春夏秋冬的「山景」，是作者二三十年的山中生活經驗結晶。

「風」是抽象的，最不可捉摸，也最難描寫的。凡是將具體的寫得模糊不清、變成抽象的，作者如果不是神經分裂，就是白痴；能將抽象化為具體的作者，才是高手。麥穗寫「風」便充分表現了他詩人的才情和散文作者的功力。是詩與散文的最佳整合，是化抽象為具體的高手。

「風踏著草尖來了，在松針裡向我㗂㗂細訴，它告訴我今天來的方向……」。

「……我天天躺在搖椅上，看它搖晃著滿天繁星，看他搖落的星子在天幕上劃一條長長的光影。有時它會以園裡那棵桂樹葉當琴鍵，奏一曲悠揚的「夏之小夜曲」。

「它總是給我那麼多的爽朗，綻放朵朵笑聲在樹梢上。當它踢著落葉而來的時候，不會忘記從窗口送上一葉楓紅。……」

「它也會到我斗室裏來訪問，掀開我綠色窗帘一角，欣賞我握筆疾書的神情……而又怕打斷我泉湧的文思，它又悄悄地放下窗帘離去。」

「此刻，它又來到我窗前窺視，發現我在為它畫像，它大笑地說：「你永遠無法畫風，風的形象是無人能捕捉的。……」

但是，麥穗是捉住「風」了！他以不到一千字的篇幅，將風人格化了。我還沒有看見任何寫風的散文將「風」寫得如此具體而又富有詩意。

麥穗在民國四十年即開始寫詩，三十多年來不忮不求，不動不搖，經過詩壇的那陣昏天黑地的大旋風，他仍然未迷失方向，腳踏實地地寫詩，這和他腳踏實地作人是一體兩面。

「森林」詩集肯定了他的詩人地位，「滿山芬芳」散文集，又證明了他是一位傑出的大自然的畫家和歌手。

作為一位真正的詩人，他不標新立異、不譁眾取寵；作為一位優秀的散文作家，他也像一股山中清流，不是垃圾泥漿滾滾的淡水河。但不要向麥穗要求甜言蜜語或誇誕大言。他不會搔首弄姿，他不是一位明星詩人作家，但他能給讀者一股清涼，一絲溫暖，絕非迷幻藥。

文學長才

一進入丙寅年，先走了沙牧，亞汀兩位詩人，接著詩人小說家、理論家趙滋蕃兄也悄悄地走了，他才六十二歲，庚申年是詩人作家的凶年，難道丙寅年又真是一個不祥之年？

十四日晚上七時半，我正準備看電視新聞時，電話鈴突然響了，我走過去接，沒想到是民生報記者徐開塵小姐打來的，更沒想到他告訴我一個大出我意料之外的消息，趙滋蕃兄下午一點多鐘過世了！

這個消息為什麼會使我意外？因為前兩天我去榮總六樓二十六號病房看他時，護士小姐要搖醒他，我連忙阻止她去驚動他，護士小姐卻說：

「沒有關係，他已經能認清人了！」

我看他鼻子上還插著管子，喉嚨裏還在咕咕作響，不時嗆咳，手會動，眼睛閉著，護士小姐看我不願驚動他，她就放心地走了。

我在他床邊站了不少時間，靜靜觀察，他偶然睜開一半眼睛，望著我，似曾相識，不會講話，一嗆咳又閉上眼睛，那樣子不大好受，他的嘴巴始終張開，用嘴呼吸，看來好像只有出氣沒有進氣，鬍鬚倒是刮得乾淨，頭髮也剪成平頭，像三十年前我們第一次見面時的髮型一樣，只是那時他才三十左右，穿著一條白短褲，矮壯如牛，現在躺在床上瘦削多了，完全不像三十年前的樣子，也不像第一次中風前那隻啤酒桶的樣子，他的右眼瞳仁模糊不清，有一層混濁的東西遮著，好像白內障的樣子，但一年前，我還沒有發現過他有白內障，白內障不會長得這麼快，到底是什麼？我就弄不清楚了。

他時時嗆咳，鼻子裏的管子終於滑落，我不敢亂動，連忙請護士小姐進來，護士小姐替他安上又走了。我跟她出來，問她：

「小姐，他能不能復原？」

「你這話是什麼意思？」護士小姐反問我。

「他會不會成為植物人？」我說。

「那怎麼會呢？他現在不是恢復得很好嗎？」護士小姐說：「他已經能認識你了。」

我很放心，又回到病房看了他一會，他也半睜著眼看我，只是時間不久又閉上。

我離開病房又問了護士小姐一次，護士小姐的答覆令我格外滿意，我心裡在想他真是命大，第一次中風那麼嚴重，居然活過來了！他也對我說過幾次，他生命中有段空白，表示他死過一次。這是他第二次中風，第二次中風最危險，鄧禹平是第二次中風死的。而護士小姐對他卻那麼充滿信心，我也覺得他真是一位奇人！我準備過幾天再來看他，我想該可以在他床邊和他說話了，想不到這一次竟是和他永訣？

他兩次中風我都不在場，如果我在場，我一定勸阻他喝酒。尤其是在他第一次中風之後，一見面我就提醒他。我曾多次在迪化街買一大包一大包降血壓的草藥，送到嘉興街他家裏，他吃了沒有？我不知道，我知道他的性格，不能控制自己。但只要我們兩人在一塊，我一定直言。他打牌、喝酒、鬧酒時我都不在場。我不會打牌，但我能喝酒，我的酒量不會比他差，但在酒席場中，我能滴酒不飲，更不會和人拚酒，我知道和我深交的好友，除了他誤於酒之外，還有李春陽和姜貴。李春陽酒後騎機車摔死，滋蕃還和我一道去臺中祭弔。姜貴在臺北時本來戒了酒，和我相處那麼多年，滴酒不沾，後來到臺中，起初情況不好，還未開戒，後來中了愛國獎券，又喝起酒來，而且喝卯時酒，終於死在床上沒有人知道，第二天上午才發現。他們誤於酒時我都不在場。李春陽在蘭嶼抓蝴蝶時，我在臺北替他賣；姜貴吃牛肉麵時，我常在一道，也多半是我掏腰包。他們喝酒吃肉時我都不在。這三位朋友都是文學長才、文壇大將，但都不能自制，[redacted]，他們交了我這位不識時務的朋友，除了直言無隱之外，沒有別的好處。三位之中也只有滋蕃在介紹我給新朋友時說：

「這是一位肝膽相照的朋友！」

現在這三位老友統統先走了！使我更有孤獨落寞之感。

我和滋蕃最後一次聚會，是在明星戲院中樓上餐廳，他為了「晚清小說大系」的事，約侯健先生和我幾位朋友敍談，他匆匆從臺中趕來，飯剛吃完，東海大學就打來電話，他又匆匆趕回臺中。他就任東海中文系主任之前，還和我商談過一次。他在文化大學文藝組任教時，曾有一套新文藝教學計畫，全部詩歌、小說、散文、文藝理論課程都給我看了，他特別約我到他家中商談。他的構想很好，但傾向於德國人的文學理論，因為他父親是留德的醫師，他生長德國，十六歲才回國，德國人的治學方法，對他不無影響。而且他要我擔任散文方面的課程，我沒答應。一是我無時間，二是我的興趣不在散文，三是他的構想和我的新文學中國化稍有出入。

在朋友中他是讀書最多、用功最深的一位。他建立了一套卡片，重要的內容都記在上面，一索即得，他曾要我也作同樣的工作，但我最不願「機械化」，雖然我印了不少卡片，但用了幾十張就束之高閣，我有我自己的不科學的方法。他的記憶力之佳，也無出其右，可以說是過目不忘。中風之後雖然大不如前，但比一般人也強多了。不過中風之後他就沒有寫過長篇，精力腦力都不如以前，他知道我拚命寫那個大長篇時，曾感慨地說：

「我已經寫不動了！」

現在他不但寫不動，是真正不能寫了。

十多年前，我曾經寫了一個一萬多字的短篇「曹萬秋的衣缽」（收在「墨人自選集」短篇小說選內），就是寫他的。那時他的子女還小，生活相當困苦。他又最不會理財，[redacted]他太太孩子，還是住在當年租下的那個房子裏面。他太太衛大嫂是將[redacted]之女，跟他苦了一輩子[redacted]。「曹萬秋的衣缽之」沒有傳人，他的子女雖很聰明，恐怕也不會走他這條路？本來他是學數學的，卻走上文學這條路，豈非造化弄人？[redacted]文學的人，又有幾位有他這樣的成就？他的作品都[redacted]不[redacted]暢銷[redacted]

鑄[redacted]。

緣與數

佛家講緣，道家講數。「緣」與「數」都是「因」，所以佛家亦稱「因緣」，也是因素。緣與數都是先天的未知數，是一般人難以預知的。只有佛家的大德高僧和道家的真人，可以預知。因為他們由清心寡慾的修持，或是夙慧，而具有六通，所以無所不知，但是他們很少透露，真是大智若愚。只有一些半瓶醋，譁眾邀寵者，才接受記者訪問或上電視炫耀，凡是佛道中人，都知所戒。大乘佛教更「正信不言神通」，道家更戒洩露天機。用意至善，用心良苦，恐遭天譴也。

佛家說人人都可以成佛，人人具有佛性，道家並認為人人具有仙體。其所以不能成佛成仙，是因為物慾蒙蔽本性良知，自我迷失。因此智慧不生、兩眼不明、急功近利、鼠目寸光，自己的死活都不知道，怎麼能知道多重宇宙的形形色色？過去未來？

凡是自己的肉眼看不見的，一般人都予以否定，或是存疑，「某一大師」的「拿出證據來」，以為是「小心求證」的科學精神，其實他是個西化的人文主義者，不懂的事情太多，他對佛道兩家的思想真諦，了解有限。修持法門，更未觸及，他只抓住儒家的小辮子，以此而為一代之師，實在是聖之時者也。

緣與數，多見於人事關係。緣有善惡，用現代話來說，緣可以說是人際關係，人與人發生了關係，不一定全是好的，尤其是婚姻關係，恩恩愛愛白頭偕老的固然有，而怨偶和中途仳離的更多；朋友亦然，刎頸之交的固然有，反目成仇的更多；甚至父母子女之間形同冰炭的亦復不少。其所以如此，是因果的關係，所以佛家特重因果，怎樣的因，自然產生怎樣的果，種善因得善果，種惡因得惡果，而且佛家認為因果非任何力量可破。前因產生現世果，今因產生後果，不可抵銷，不可混淆，這就是為什麼好人得惡報，壞人得好報的緣故。前因後果不同也。

以凡人的觀點來看，人與人之間的交往，在於氣質是否相近、相同，氣質相近相同的，易成莫逆，這就是有緣；氣質相反的，易生排斥，就是無緣。

回首前塵渾似夢

這幾年來，作家詩人相繼去世的不少，庚申年（六十九年）一年就死了徐訏、姜貴、楊御龍、陳克環、尤增輝、古丁等六位，其中只有徐訏、姜貴兩人活了七十三歲，陳克環和古丁都是五十四歲，楊御龍五十二歲，尤增輝只有三十多歲，而古丁和尤增輝都是死於車禍。庚申年真是作家的凶年。

今年丙寅，二月四日午時立春，雖然還沒有過陰曆年，但一立春即屬丙寅，寅是十二生肖中的虎，一般視為凶年，又逢慧星接近地球，根據統計是凶多吉少。對個人而言雖不能一概而論，有人會逢凶化吉，遇難呈祥，有人卻難逃一劫。過了年我就接到兩份詩人的訃聞。

一是沙牧的訃聞。沙牧是在二月十二日凌晨三時許因車禍傷重去世。他是一位相當優秀的詩人，詩齡三十年以上，他未死於戰場，卻死於車禍，和楊喚、古丁、尤增輝一樣，都是橫死。詩人薄命，今古同悲。沙牧也是孤家寡人，與楊喚一樣。

二是亞汀的訃聞。亞汀是台灣詩壇早期詩人之一，他一向在台灣銀行服務，淡泊名利，十分謙和，重友情道義，近十多年來幾在詩壇絕跡，但鄧禹平住曲尺養老院養病期間，端午節他還和我一道買了粽子去看鄧禹平。鄧禹平突然看見老友格外高興，雖然行動不大方便，還一拐一拐地陪我們參觀合照，現在鄧禹平也已作古了。

我寫這篇文字是有感而發。中國作家大多不長壽，詩人尤其短命，葛賢寧、覃子豪都只有五十多歲，小說家比較長壽，徐訏、姜貴也只有七十三歲，而現在八九十歲的人比比皆是；小說家也只能算是中壽。以寫作年齡來講，小說家不到晚年，思想、智慧還不能算成熟，很多震爍古今的大作品，都在晚年完成，托爾斯泰的「戰爭與和平」即其一例。我們這一代的詩人、作家都飽經憂患，不幸早死者更令人同情。而雪泥鴻爪，或可供後來者參考？寫作既無不可對人言，自毋須「敝帚自珍」。

我的寫作年齡自作品見報算起，已經四十八個年頭了。抗戰時期多半寫詩，但一直到四十九年才出版《自由的火燄》詩集。抗戰生活艱苦，物質條件太差，報紙像草紙，剪下的詩文不要幾天就字跡模糊，一沾水更是稀爛，自然不經留，再加上多次大逃難，僅以身免，因此散文、短篇小說一篇也沒有留住。詩則比較好辦，有些會背，所以留著的比較多，還能湊著出本詩集。抗戰時我當過軍人、報人、教員，由於經常在躲警報和逃難中生活，詩多半是在野外大樹底下，壕溝中或墓邊寫的。來台灣後，我先在台北一家報社當了八天主編，熬了八個通宵，一文未領，即去左營海軍總部服務。在左營住了七八年，那個時期我所有的作品都是利用公餘時間在辦公桌上和晚上伏在床上寫的。四十二年大業書店出版的三十多萬字的長篇小說《閃爍的星辰》，也是伏在床上寫的多，這是我的第一個長篇，也是大業書店的創業長篇，當時陳暉先生只有三萬塊錢的本錢，他看了我的稿子之後立刻簽約，並一次付給我六千元的版稅。那時的六千元是一筆很大的數字，尚無先例，也沒有任何書店出版過這麼大的長篇，能出幾萬字的短篇集子的都很少，大業書店是以《閃爍的星辰》作賭注，幸好我沒有將陳暉先生拖垮，他反而成為台灣出版純文學書籍的泰斗。一直到現在，我還沒有遇到過像他這樣毫無後台、又無充足資金、獨立經營、既純正又有魄力的出版家。

我的第二部長篇是香港亞洲出版社出版的〈黑森林〉，亞洲出版社是有美援的，所以四十三年我又拿了兩萬多台幣的版稅，四十四年出書時又拿了文獎會八千元獎金。大業六千元的版稅用來給孩子治病，亞洲和文獎會這兩筆錢，幫助了朋友，其餘的存在銀行作子女教育費，誰知一夜之間貶值了一半，我毫無理財頭腦，那時如接受一朋友勸告，我在左營中學附近可以買幾千坪地，早已變成億萬富翁了。剩下的一部份錢，後來在台北養雞全部泡湯了。

我是四十七年搬家到台北的，來台北後我才買了一張桌子，下班回家後就不必再伏在床上寫稿了。

四十九年我自動自軍中提前退役。為了想打好經濟基礎，個人入山安心寫作，我也在那陣來亨雞風中養了一批嬌滴滴的小嬌娘，自釘雞架，自製孵卵器、調配飼料、清掃雞糞；釘鎚敲在手上，痛徹心肝，手上身上常常沾滿雞糞，台糖飼料比雞糞更髒！一切痛苦、辛勞，我都忍受了，我所費的時間、心血，足可以寫上百萬字的長篇。結果我是吃盡了苦頭。賠光了老本，走投無路，欲哭無淚，只好再絞盡腦汁，日夜爬格子。那時我有五個孩子在上大學、中學，七口之家全靠一枝禿筆，誰也幫不了我的忙。有人好心勸我寫武俠小說，這比寫我這種作品賺錢容易，都被我嗤之以鼻，我寧可餓死也不犧牲原則。若是寫武俠，我倒不外行。

由於我的辛勤筆耕，生活很快穩定下來，比工作時的收入多。在這段時間，我寫了二十幾本長、中、短篇小說和文藝理論，「紅樓夢的寫作技巧」就是在這段時期內寫的。那時海外的「今日世界」、「祖國周刊」、國內各大報的「中央副刊」、「中華副刊」、「新生副刊」、「人間副刊」、「聯合副刊」以及各文藝雜誌都有拙作發表。有一天中央日報、聯合報、中國時報（那時還是徵信新聞），同時刊出三篇拙作，而且都是第一篇。一九六一、六二年，我以兩個短篇小說連續與諾貝爾文學獎金得主拉革克菲斯特(Par Lagerkvist)、威廉福克納(William Faulkner)等六七十個國家的作家同時入選維也納納富出版公司編選的一序列的「世界最佳小說選」（大陸上只有[redacted]郭沫若入選）。也是這個事業寫作時期的巔峰。六十一年中華書局開風氣之先，出版我的五大本《墨人自選集》，除《詩選》部份有大陸時期作品外，也全是那個時期的長短篇小說，我自己比較喜歡的《白雪青山》、《靈姑》、《江水悠悠》、《鳳凰谷》等長篇都在內。其中《白雪青山》、《靈姑》都是在華副發表的，前者為五十四年，後者為五十七年。這個時期是我個人的豐收季，因此有不少朋友稱我為「多產作家」。

五十六年我到國民大會工作之後，文壇已流行存在主義、意識流作品，小說沒有主題、故事、人物胡言亂語，使人暈頭轉向；詩更使人不知所云。我的《紅樓夢的寫作技巧》就是針對當時的紊亂情況寫的。由於對文壇的失望，我便自動停筆，非不得已不寫，作品自然少多了，這段時間我出版不到十本書，但是自民國六十年起，我一直在默默準備醞釀一個大長篇，很多時間都用在讀書研究上，只寫不讀不是好事，只讀不思考也不是好事。等到我一切準備工作成熟之後，我又提前申請退休，但是沒有奉准。我迫不及待，便在七十三年端午節不顧一切開筆，到七十四年十二月底終於完成了一百二十多萬字的長篇，寫作期間內我是以老命作賭注，每天只睡兩三小時，其餘時間上班、寫作，一度發生中風現象，住了一周醫院才好。當我開始寫這部大長篇時，遠在舊金山的謝冰瑩大姐立即飛函勸我：

墨人老弟：

在中副上看到你「三更燈火五更雞」大作，我又高興又難過！高興的是，我可以拜讀你的長篇大作了；難過的是，擔心百萬鉅著，太耗費你的精力，論年齡，你已過了寫長篇小說的時代，何況百萬？……請你原諒，不要罵我潑冷水，我為了愛護你的身體和精神才敢直言。……

冰瑩上73．8．25早于洗衣房

我接到她的信後十分感動，但我不能停筆，我本來就是要以老命作賭注的。台北的老友也都勸我不要作這種傻事，他們都了解當前的文藝作品是什麼情形和出版界的實際情況。但我生來就是個大傻瓜，我辜負了冰瑩大姐的愛護深意，也沒有聽朋友們的勸告，今天我幸而未死或變成植物人，也完成了這部大長篇，就算是我對他們的報答。

現在我又退休了，我可以有充分時間讀書寫作，我向來不願把時間浪費在外務方面，現在年紀大了，更浪費不起。

我四十七八年的寫作生活，所受的精神挫折只會比別人多，不會比別人少。但這不是指退稿而言，世界上任何作家都有退稿的經驗，不足為怪，但我還沒有一篇稿子沒有發表過，到現在為止也只有幾個短篇沒有出書。我所謂的精神挫折是作家的思想和道德良心，我一直堅守自己的原則，但個人的力量有限，能不倒下已經不容易了。

以前別人替我算命看相，都說我是作大官的人，我總覺得不對勁，因為我的個性不是官場中人。等到我自己研究過命理之後（我二十多歲就已經研究過麻衣、柳莊……了），我便完全了解自己的造化，我只是官場的過客，但會以寫作終身，而且是為了生活，不然我不會「誤入歧途」。

寫了四十七八年，到現在為止我一共出了詩集、散文集、文藝理論、小說三十八本，我很不滿意我這一點點工作，我十分痛惜為了生活浪費了太多的時間。年紀大的朋友說我還有名山事業的想法，其實我只是盡其在我，求其心安，這是作人的本分，我不想白活，也不執著，世界上沒有一樣是屬於自己的，生不帶來，死不帶去，何況虛名？我最欣賞老子「生而不有、為而不恃、長而不宰」的高見。因此乙丑除夕我寫了一首七律，這是我大半生的回顧和我現在心情，我還是將它抄在下面，可以省去我不少的筆墨口舌：

浮海乘槎四十年，今年除夕不成眠。
揚鞭也下千行淚，煮字曾耕百萬田；
回首前塵渾似夢，翻看往事宛如煙。
鏡花水月知多少？想作神仙未入禪。

白頭宮女話當年

套句老掉牙的成語：「光陰似箭，日月如梭。」真沒有想到，民國二十六年七月七日蘆溝橋事變，轉眼五十年了！自己彷彿還是那些十七八歲少不更事的男生，誰想到一下子就快到古稀之年，今天五十以下的人，多不知道抗日戰爭是怎麼一回事？或者以為那是一段遠古的神話？或者如我們幼年時聽老祖母講長毛故事一般將信將疑？但抗日戰爭對我來說卻是「躬逢其盛」，千真萬確的事，我能活到現在，真是奇蹟，也是異數。

日本人侵略中國是處心積慮的陰謀，八國聯軍的日軍是最先攻進北平的，「七七」蘆溝橋的槍聲，是日本人明目張膽的公然侵略。日本侵略中國、恩將仇報的歷史文化背景以及八年抗戰的種種血淚事實，我在一百九十多萬字的大長篇小說「紅塵」

中有詳細的交代，老天爺留下我這條命，大概也是要我替近百年來的苦難的中國人留個見證，因此我不惜拼老命作了一個大傻瓜。至於編者約我寫這篇短文，不過是我個人的小小泡沫，不足以象徵那個烽火連天、血淚交流的苦難時代。

我生長在長江邊上，故鄉是長江中游的通都大邑，襟帶數千里長江，瀕臨中國第二大湖鄱陽湖，境內有天下名山廬山，城內還有周瑜練水師的甘棠湖；京戲「臥龍弔孝」的柴桑口、水滸傳李逵大鬧江州、曾國藩兵敗投水自殺獲救的地方，就是我的故鄉。故鄉是最早開埠的長江大城市之一，早有租界，列強軍艦可以橫衝直撞開進來，外國水兵那種趾高氣揚、目無中國人的神氣自己見得很多，日本人更甚，因此自幼我就有一種作為中國人的屈辱感。（白居易如果晚生一千年，他的「琵琶行」就得改寫。）

「七七」抗日戰爭爆發之後，戰火一天天蔓延，從北方燒到南方，不到一年就燒到我的家鄉。當日軍從上海打到南京，以至南京失守的那段日子，我幾乎天天到江邊去看從長江下游像螞蟻搬家一樣地連綿不斷的帆船向我家鄉逃，傷兵也一船船運到，大街小巷到處是難民傷兵，我也曾以學生身分到醫院慰問傷兵，至今我記憶猶新的是一位在上海蘊藻濱作戰的傷兵負傷多處，一粒日軍機槍子彈正巧把他的生殖器官從根部打斷，其他斷手殘腳的傷兵更多。這是我第一次體認到日本軍閥侵華戰爭的殘酷。

終於，戰火燒到家鄉。

我在一個夏天的下午，單人匹馬，赤手空拳擠上了南潯路的火車，攀著車門的把手，兩腳踏在踏板上，晃晃蕩地離開了家鄉，沒有掉下一滴眼淚，我已經無暇自哀了。

車子走走停停，在一個不知名的小地方，突然抬上一副擔架，上面躺著一位受傷的飛行員，大概是在馬當、湖口那方面受傷的，飛機自然是墜毀了。我曾經親眼看到我們的空軍健兒和日機在上空互相追擊。我們的空軍雖然英勇，但飛機的性能數量居於劣勢，因此犧牲很大。

這天下午火車只走了三十華里，當天晚上幸遇一位同學，在沙河他家中住了一夜，第二天兩人一道逃往南昌。眼看沿途金黃的穀穗，即將落入敵人手中，心中隱隱作痛。

到南昌後和堂兄萬釗會合，他在南昌二中唸書，回不了家，決定和我一道去武昌從軍，他有七位同學，加上我正好是八位，不是八仙過海，是八位羽毛尚未豐滿，卻有滿腔熱血，請纓報國的青年。

由於日機轟炸，南昌白天已少市面，店舖多是半開門，市民都作逃難或下鄉的準備，而我空軍為保衛南昌，空戰損失更大，我曾目擊飛機一架架掉下來。

湘贛路從西向東開的火車，載的都是軍火和增援前線的部隊，向湖南後方開的車子少，也沒有一定的時間，站方更諱莫如深，因為候車的難民太多。

我們一看見車子開到，就一湧而上，車廂裏擠不進去就爬上車頂。但往往是白費氣力，不是不開就是打軍差，統統被趕下來。這樣上上下下不知多少次？最後總算擠進一列火車的洗手間離開南昌了。

火車走走停停，隨時得跳下車子逃避日機轟炸，隨時得準備換車。爬上車頂，跳下火車，只有我們這些不到二十歲的小伙子才能如此玩兒命，一般難民沒有這樣的身手。

而這些車廂有隴海路的、津浦路的、浙贛路的、粵漢路的，七拼八湊才湊起一列火車。幾乎使你不知道是在那一條路線上？

向西開的車上大多是流亡學生、疏散物資和喪家之犬的難民，流亡學生往往不約而同地唱著「我的家在東北松花江上」，那沉痛哀怨的歌聲使人悽然落淚；而向南昌開的軍車和我們的車子擦身而過時，那些站在敞口車廂中烈日下的弟兄們則高唱著又悲壯又激昂的「大刀向鬼子們的頭上砍去！」令人振奮，也令人悲傷，因為大家都知道我們部隊的裝備武器比日軍差多了，這些壯士能有幾人回來？只有天知道了！

餐風、露宿、大太陽曬，好不容易熬到株州，車子一到就遇著警報，好像日本人算準似了的，我們又作鳥獸散向山上逃跑，日機一走，又爬上粵漢路開往武昌的列車。

粵漢路比湘贛路更繁忙，火車來去匆匆，人也來去匆匆，每人臉上都充滿緊張、驚惶，不知道什麼時刻會中「頭彩」？尤其是車廂頂上的人（我們經常坐在車頂上），頭上烈日如焚，屁股底下的車皮如熱鍋般地火燙，毫無安全感。如果不是國難當頭，誰能幾天幾夜忍受這種煎熬？

車到汨羅停了下來，我們發現好幾具屍體躺在橋頭。原本橋上的電線高度不夠，火車通過時坐在車頂上的人沒有低下頭來，硬被懸在鐵路中間的電線刮了下來，活活摔死，看了這種情形提高了我們的警覺，火車過橋時我們伏下身體，終於通過了這道鬼門關，沒有去見汨羅江中的屈原。

到武昌後我們住進大朝街一家旅社。

武昌抗日情緒如火如荼，街頭上穿著藍色工人裝的青年男女很多，都是和我們一樣花兒在開，果兒未結，他們一群群地集合在一起高唱抗戰歌曲，歌曲之多彷彿永遠唱不完，我們也人人會唱，聽到那些慷慨激昂而又悲憤的歌聲，更使人熱血沸騰。

我們到達武昌的第二天，就碰上八十多架日機的地毯式轟炸。原先我們都沒有經過這種大場面，初到武昌又人生地不熟，不知道往那兒跑？附近街邊上的防空洞都被人捷足先登了，我們跑到電報局前面一個大防空洞，倉皇鑽了進去，裏面的人已經很多，天氣又熱，空氣很不好，這種防空洞都是木架泥土堆起來的，因陋就簡，那有鋼筋水泥？

不久就聽見老牛喘氣般的轟炸機的聲音，和炸彈穿破空氣尖銳刺耳的嘶嘶聲音以及哐啷哐啷的轟然巨響，一路炸到我們的防空洞來。地在顫動，防空洞在跳動，彷彿抽筋似的，而空氣則彷彿凝結了似的，逼得人吐不過氣來，尤其是炸彈爆炸時逼過來的一股空氣壓力更受不了，不知道下一顆炸彈會不會落在頭頂上？

日機一波波地炸過來，轟轟的機聲和哐啷哐啷的炸彈聲，幾乎將耳膜都震破了，心都快跳了出來。如果真有地獄，這就是地獄；如果真有末日，這就是末日，這裏的一分一秒就彷彿一個世紀。

好不容易熬到警報解除，出來一看，街上面目全非。房屋都在起火冒煙，防空洞除了我們這一個外全都倒塌，街上血肉橫飛，屍橫遍地，火藥味混合著人肉的血腥味是最難聞的一種氣味，大熱天更令人作嘔。

這次轟炸幾乎使我精神分裂，聽見蒼蠅的嗡嗡聲也會拔腳狂奔，晚上睡覺也不安穩，這種情形持續了兩三個月。

考試那天我剛交卷，警報就嗚嗚地響起來，這種嗚嗚的聲音可不像現在臺灣演習的警報這麼令人漫不經心，那是死亡的聲音，尤其是緊急警報像殺豬斷氣時的掙扎呼叫，聽來令人寒心，魂飛天外，再加上滿街婦人孩子驚慌哭叫，四處奔跑，完全是死亡的前奏曲。

因為考場就在蛇山附近，這次我就躲在蛇山上，蛇山樹木甚多，居高臨下，親眼看見日機濫炸武昌，這是日機有計劃的進行地毯式的轟炸，想把我們的抗戰精神炸垮，一團團的火光，一團團的濃煙從大街小巷升起，瀰漫整個武昌上空。而我們的高射砲彈都在日機底下爆炸，冒出一團團棉花球似的白煙，卻打不著日機，看了又氣又急。但武器不如人家，射程不夠，又有什麼辦法？

晚上街頭巷尾一燈如豆下的白木棺材和躺在地上的屍體，令人毛骨悚然，令人鼻酸，也不知道那一天輪到我們？堂兄和他的同學帶著手電筒結伴去看榜，我不敢去，也不忍看那些冤魂，不忍聽那些孤兒寡婦哀哀的哭聲。

去南湖報到那天，天氣炎熱，又怕空襲，我們遲到下午四點才去，一走到營房門口，就發現崗亭被炸得東倒西歪，一股炸彈混合著血腥怪味衝鼻而來，屍體還沒有清理完畢。原來下午三點左右日機專來炸這個營區，他們得到入伍生報到的情報，使用的都是殺傷彈，每一個彈坑只有一兩公尺的直徑，坑也不深，彈片都是橫飛的，殺傷力很大，先報到的學生不少在這次轟炸中遇難了，真是報國未成身先死。我們如果早一個小時來報到，可能也作了冤魂。晚上編隊時，我們就分別遞補了那些死人的空缺。

局勢一天天緊張，我們在南湖沒有多久，就開到蔡甸、舵落口一帶訓練，不久又回到漢口，參加了保衛大武漢示威遊行，我們的抗戰歌聲響徹了漢口每一個角落，市民們睜大眼睛看著我們這些赤腳草鞋的學生軍。但是不久，武漢還是丟了！我軍的武器裝備比日軍差的太遠了，我們學生訓練用的槍枝準星磨光了，來復線也磨平了，都是不能打的槍枝。

在撤退前夕，我們還參加了武漢市戶口大檢查，隨後坐船到岳陽，在船上兩餐只發兩個小饅頭，幾小塊醬瓜，一個饅頭兩口就吃完了，肚子餓得咕咕叫。十月天氣早晚已經很冷，我們還是穿著夏季的像紗布一樣的草黃軍服，晚上在艙面露天睡覺也只有一條薄薄的灰棉軍毯。

在岳陽停了一陣子，天天早晨在岳陽樓前面對著八百里洞庭湖喊口令、跑步、出操。

岳陽也被炸得很慘，車站附近更甚，樹枝上、電線桿上可以看到模糊的血肉和腸子，有一家數口從長江下游逃到岳陽，卻在岳陽全家覆沒。但是在岳陽我也看到一架日機被停在岳陽樓附近的小砲艇上的高射機槍擊落，飛機掉在田裏，三個日本空軍燒成焦炭，躺在污泥裏，我還撿了一片黃金般的金屬片作戒指，作為紀念，這是八年抗戰中我親眼所見被我們打下的唯一的日機，自然感到一點點勝利的喜悅。

不久又坐木船離開岳陽，渡過波瀾壯闊的八百里洞庭到常德、桃源。而這時正如王勃在滕王閣序中所說「秋水共長天一色，落霞與孤鶩齊飛。」洞庭、鄱陽為中國兩大湖，很有相似之處，都是魚米之鄉，我自幼飽覽湖光山色，對江湖有親切之感，君山雖不如廬山雄偉峻秀，但洞庭比鄱陽更為浩瀚。每天在船頭看日出日落，不但可舒解日機轟炸的恐懼，也可以稍解飢餓、寒冷、沙丁魚似的擁擠之苦。

在桃源訓練了一個冬天，沒有棉大衣，春暖花開時出發長途行軍，卻發給每人一件棉大衣，還加了一副子彈帶、塞滿了子彈，再加上原來的槍枝子彈、軍毯、夏季軍服、換洗衣服、乾糧、水壺、書籍、棉大衣、不但很重，背包也不好打，打起來總有三四十公斤重。從桃源到四川綦江一千多公里的路程都是高山峻嶺，土匪出沒之區，我們是訓練行軍，也是戰備行軍，這一帶又窮，吃的都是穀子、稗子、砂子混在一起的八寶飯，往往早晨三四點鐘吃早飯，要到晚上七八點鐘才能吃到第二頓，而夜行軍和強行軍又最苦，夜行軍時有些同學真的邊走邊睡，真像行屍走肉。湘西趕屍之事時有所聞，我們卻多是閉著眼睛走路的活死人。

到綦江之後，由於一路來喝飲山溝生水的關係，再加上時冷時熱，忽飽忽飢，有不少同學一病不起，我是從鬼門關裏再回來的一個幸運者，這大概是祖上有德吧？

畢業之前，我又考取中央訓練團新聞研究班第一期，接受專業訓練，拿槍的手又重新握起筆桿來。畢業後我就奉派到江西臨川前線和[illegible]前線從事戰地新聞工作。兩年後又轉到贛州新聞界工作，我也創辦過[illegible]，而以在贛州編報最苦，白天跑警報，晚上編第一版新聞，大夜班只有一點糙米稀飯，幾片醬瓜，和我共一張編輯桌的楊先生就有很重的肺病，我也由於營養、睡眠都不足，而日夜心跳的厲害，手一撫著胸口就感到它劇烈地跳動，心裏發慌，直到日軍打到贛州，倉皇攜家帶眷逃難，白天趕路，天一黑就倒頭大睡，這樣反而救了我一命。

從贛州逃到江西樂平，又是徒步上千公里路，上次從湖南桃源走到四川綦江是背著幾十公斤的大背包和槍枝子彈，時間是從春天走到夏天。這次卻是在寒冬臘月，雪花飄飄的冬天，背著孩子逃難，兩次都是苦不堪言。

到了樂平我又在當地的「長江日報」工作，直編到美國在廣島、長崎投下兩顆原子彈，我寫下了長詩「最後的勝利」便去上海重任軍職為止。

我的青春完全在八年抗戰中犧牲了，在日機炸彈如雨之下，幸而不死，實在是異數，當年「八仙」，除了一位來臺轉美，一位沒有考取轉投陝北「抗大」不知死活外，來臺的都已先後作古。堂兄在家鄉不能出來，被迫討了幾年飯，幸得族人維護未被鬥死（我們是大族，民風善良淳樸，真的夜不閉戶，路不拾遺。）但已於一九八五年去世。他在生時從海外華人作家傳等書籍中知道我在臺灣的情形時，曾悲喜交集，幾夜未能入睡。抗戰時我們共生死，我生病時他救了我一命，他曾經參加過長沙會戰、鄂西會戰……四十年的生離，他卻先我而去。

當年「八仙」，如今活著的只我一人。我之所以提前退休，拼了老命趕寫「紅塵」，就是怕閻王爺突然不讓我活下去，我要為苦難的中國作見證，我總算完成了我的證詞，這幾十年總算沒有白活，這篇短文只是那個血淚交流的時代裏的一個小小泡沫，微不足道。比我能作見證的人還有很多很多，讀者可千萬不要以為我們是在卡拉OK裏說夢話，我們卻是做夢也沒有想到會在雷射之夜裏大跳迪司可的，那時我們也同樣年輕。

過武漢登黃鶴樓

民國二十七年八月，我成為流亡學生，去武昌投筆從戎。在日機大轟炸中，第一天就差點中頭彩，真的是死裡逃生。以後又天天罩在死神的陰影之下，在日本重轟炸機的噓噓的炸彈聲中，真不容易熬到放榜，趕去南湖營房報到，我記得那天是八月二十二日，如果我早去半個鐘點，也炸死了，僥倖就遲了那麼一點時間，又逃過一劫！晚上編隊，就是抵死人的缺。

事隔五十周年，真是做夢也沒有想到，我會在今年八月二十二日，從廣州乘機，在武昌南湖機場降落？在親人迎接團聚時，我才突然想起，五十年前的今天，正是我趕到南湖報到當入伍生的紀念日，整整半個世紀！當時我絕沒有想到能活到現在，也沒有想到武昌是我探親的第一站，而接我的侄兒和姨妹，他們也剛好是五十歲。人生如夢、吉、凶、禍、福、窮、通、壽、夭，尤其是人類浩劫，芸芸眾生，都難預知。

武昌親人，都在大學、中學任教，他們都是大陸上的高級知識份子，大多住在珞珈山、關山，東湖一帶大學區教職員宿舍，居住條件較一般人好些。但只有姨妹家係新建宿舍，有抽水馬桶，但設備品質不佳，洗澡還用腳盆，其他人家就不必談了。

武昌各大學校園都很大，歷史悠久的武漢大學自然首屈一指，華中科技大學校園也很大，連新建的武漢城市建設學院面積也不小，而每一校園內道路兩旁都遍植法國梧桐，林蔭夾道，對於調節空氣，美化校園，作用不小。可是教職員待遇太低，教授級連薪水津貼在內每月亦不過兩百元人民幣左右。而今年物價高漲，人民幣貶值很多，如官價一塊美金只兌三塊多人民幣，但黑市一塊可兌七塊多人民幣，因此高級知識份子和教職員生活相當清苦。我侄兒親口告訴我說：「手術刀不如剃頭刀，搞原子彈不如賣茶葉蛋。」他還舉出實例，那真是令人難以置信，卻是千真萬確的事。所以有不少大學研究生中途退學，另謀生路。他們對知識份子的前途不抱任何希望。稍有門路的，則千方百計準備出國留學，一旦出國，還會自動回去嗎？知識份子不受重視，沒有適當定位，自然造成人才外流，雖然他們能出國的人如鳳毛麟角，但這不能不說是一個相當大的危機。

在我的內弟、姨妹、侄兒，這些親人當中，過去人人都餓過飯，草根、樹皮、蓮子殼、觀音土⋯都當作糧食，沒有餓死，已屬萬幸。現在他們總算都能吃飽飯，而飯量之大，說來真有點嚇人，他們用的飯碗比我們用的盌大得多，不論母女老幼，盛得像頂瓜皮帽。我的小姨侄女，正唸高三，人長得十分秀氣漂亮，又嬌滴滴，很有女明星的身材架勢，可是一頓要吃兩大盌飯，內人怕她吃胖了影響苗條的身材，可是她笑笑，照吃不誤，二姨妹已經六十二歲了，也要吃兩大盌硬飯。他們吃的米很差，比台灣的在來米還差的多，內弟、侄兒家也是一樣。他們為了招待我們，菜卻弄得很豐富，鯿魚、甲魚、黃鱔、青蛙、鱖魚⋯這些家鄉味都儘量弄給我們吃，他們平時是吃不起的。魚米之鄉的魚現在很貴，一斤要十來塊人民幣，有的要十多塊，而且不容易買到，長江的魚現在少多了，他們是托人在湖裡定購的，因此沒有從前長江裡的魚那麼肥大，味道也沒有那麼鮮美。一切都差了，這也是沒有想到的。連當地有頭有臉的頂尖人物，在當地一家最好的餐廳以五百元人民幣一桌的最貴酒席招待我，也弄不出幾十年前的那種口味。

武漢市在建設方面是比別的地方好些。武昌的街道比從前寬，現在寶通寺到關山那條路又在拓寬。很多街道兩旁的法國梧桐多是林蔭夾道。只是一般的住家條件還是很差。衛生情況更差，洗澡，入廁是最大問題，夜間燈光也是昏昏黯黯，像我們上了年紀的人，夜間根本不能看書看報。

提起看報更是一大難事，一般家庭都沒有報紙，街上也沒有報攤，只有機關學校才有報紙，所以一進入大陸就彷彿與世隔絕。我偶然想起要看報，姨妹就去學校辦公室拿來幾天前的舊人民日報、光明日報以及地方報給我看，報紙最多只有兩張，印刷紙張都差，新聞也少，簡體字，橫排，看來很不習慣。有些簡體字簡得毫無道理，要看上下文才能猜得出來。譬喻「尘」字，我怎麼也不認識，「灭」這個字我也猜不出來。回台灣後我才突然悟出來了，原來「尘」是「塵」字，「灭」是「滅」字。同樣的其他的字如「辽」等等，舉不勝舉。由於這種文字障，我在北平打電報到武漢告訴姨妹飛機班次，譯電小姐一看就說：

「先生，你寫的繁體字我不認識，沒有辦法翻。」

「只有這麼二十多個普通字妳都不認識？」我很奇怪。

「對不起，我沒有學過。」

幸好有一位工程師陪我，我拜托他代寫簡體字，電報才打出去。簡體字在意義方面，失去了不少中國文字的優點和特性，脫離了傳統，也造成了兩岸文字的差異，如以「付」代「副」等等更是別字，是一種誤導。文字不統一，中國怎麼統一？而且更嚴重的是，年輕人不能讀中國的古籍，怎麼能接受、傳承中國的文化？後來我到南昌，同一位抗戰前的留日生，重慶時的老同學廖伯坦兄談起這個問題，我說即使現在開始廢除簡體字，恐怕沒有五十年時間，後代子孫也不能閱讀中國古典文學，認識中國固有文化。

「五十年也辦不到。」他搖搖頭說。「現在的小學教員都不認識繁體字，台灣能有多少人來教小學？何況現在的文盲就有兩億多。」

他本來是一位相當優秀的小說家，可是這三十多年來他什麼也沒有寫，倒是先後坐了十六年牢。他自己毀了不說，最令他傷心的是幾位子女都沒有受什麼教育，太太早得了神經病，他大我四歲，早已欲哭無淚。

我內弟也是最早打成右派的，吃了不少苦頭。其實他是很有文學細胞的。經過無數折騰，由於自己聰明努力，卻以教財經混生活。他只有五十多歲，就得了柏金森症。

我這番話雖然扯遠了一些，但這是共同現象，易地皆然。尤其是文化知識份子，不分地區，遭遇相同。不同的是，各地的名勝和地方色彩。尤其是方言鄉音，各地一如往昔，沒有改變，國語反而不如台灣普遍流行。

武漢話在華中地區是相當突出的，話很好懂，但並不中聽，尤其是女性，講起村話來很不文雅。可是我在南湖一下飛機，聽起道地的武漢話，倒有幾分親切感。

武昌的名勝不少，我住的是大學區，也是名勝區。以東湖來說，它的面積比西湖大五倍，湖光山色很不錯，磨山雖不高不大，但在磨山上看東湖、武昌，視野遼闊，能充分領略東湖之美，可惜我在磨山東湖拍的照片一張也沒有洗出來。

由於歷代詩人的題詠很多，武漢最著名的勝蹟自然是黃鶴樓與晴川閣了。

黃鶴樓在武昌蛇山西端的黃鵠磯。與湖南的岳陽樓，江西的滕王閣，並稱為「江南三大樓閣」。黃鶴樓始建於三國時期，幾與江夏（今武昌）城同時誕生。吳黃武二年（二二三），建江夏城以安屯戍，城西臨大江，西角因磯為樓，名黃鶴樓。晉滅東吳以後，原來軍事性的崗樓，便成為游客登臨遊息之所。唐朝寶曆年（八二五—八二六），牛僧儒出任武昌軍節度使時，擴建武昌城，黃鶴樓的範圍也比以前大了。到了宋朝陸游西行入川途經武昌時，黃鶴樓已毀，宋末重建、元朝末年，黃鶴樓又毀於元軍鎮壓農民起義的戰亂中。清朝二百六十多年間，黃鶴樓毀建達十次之多。光緒三十年（一九〇四），湖廣總督端方在黃鶴樓故址上修建了一座鋼筋水泥的洋樓，以呂洞賓號名為「純陽樓」，但習慣上仍稱為黃鶴樓。一九五六年，中共修建長江大橋，又以工程需要，拆毀此樓。直到一九八一年七月，才正式動工重建，一九八四年底完成。現在的黃鶴樓距江邊約一千公尺，地面標高較江面高三十餘公尺，主樓五層，高五十一公尺，為鋼筋混凝土仿木構成，硫璃黃瓦奪目，六十個翹角凌空欲飛，不失黃鶴樓傳統造形，比歷代舊樓雄偉。樓中有壁畫、古今書法家題撰的楹聯匾額。主樓之外還有配亭、軒廊、牌坊，分佈於三層平台之上。長江大橋的引道就在下面，與隔江高聳的晴川飯店遙遙相對，長江大橋那邊的電視高塔亦頗壯麗，相互構成了武漢三鎮的特殊標誌。

歷代吟詠黃鶴樓的佳作很多，如：

其一　黃鶴樓送孟浩然之廣陵（李白）

故人西辭黃鶴樓，煙花三月下揚州。
孤帆遠影碧空盡，惟見長江天際流。

其二　與史郎中欽聽黃鶴樓上吹笛（李白）

一爲遷客去長沙，西望長安不見家。
黃鶴樓中吹玉笛，江城五月落梅花。

其三　黃鶴樓（賈島）

高檻危簷勢若飛，孤雲野水共依依。
青山萬古長如舊，黃鶴何年去不歸？
岸映西州城半出，煙生南浦樹將微。
定知羽客無因見，空使含情對落暉。

其四　盧侍御與崔平事為予于黃鶴樓置宴，宴罷同望（白居易）

江邊黃鶴古時樓，勞致華筵待我遊。
楚思渺茫雲水冷，商聲清脆管弦秋。
白花浪濺頭陀寺，紅葉林籠鸚鵡州。
總是平生未行處，醉來堪賞醒堪愁。

其五　題黃鶴樓石照（呂巖洞賓）

黃鶴樓前吹笛時，白蘋紅蓼滿江湄。
衷情欲訴誰能會？惟有清風明月知。

其六　黃鶴樓（游儀）

長江巨浪拍天浮，城廓相望萬景收。
漢水北吞雲夢入，蜀江西帶洞庭流。
角聲交送千家月，帆影中分兩岸秋。
黃鶴樓高人不見，欲隨鸚鵡過汀洲

寫黃鶴樓的好詩真是不勝枚舉，但最膾炙人口的應是崔顥的七律：

昔人已乘黃鶴去，此地空餘黃鶴樓。
黃鶴一去不復返，白雲千載空悠悠。
晴川歷歷漢陽樹，芳草萋萋鸚鵡洲。
日暮鄉關何處是？煙波江上使人愁。

「晴川歷歷漢陽樹，芳草萋萋鸚鵡洲。」此情此景已不復見。連「歸元寺」的和尚也是上下班，頭上沒有戒疤，是不作法事的假和尚。相隔五十年，重過武漢，再登黃鶴樓，我也以一首七律，作為本文的結尾：

135 過武漢登黃鶴樓

劫後重登黃鶴樓，雁聲啼過楚雲秋。
少年投筆頭堪斷，老大還鄉淚不休；
紅蓼白蘋誰復見？長江漢水自東流。
五十年來如一夢，煙波深處總關愁。

戊辰年十月北投

林家花園

林家花園的名氣不小，整修完成之後本想去參觀一番，卻一直拖了下來。直到最近突然接到臺北縣林縣長的邀請參觀函，才在九月八日上午傑拉德(Gerald)颱風侵襲之前趕去參觀，以了心願。

由於颱風的影響，風斜雨驟，行動不便。我為什麼要在這個當口遊林家花園？一是傑拉德颱風之後還有兩個強烈颱風一字排開，接踵而來，這三個颱風影響臺灣時間當在一星期以上，如果等颱風過後再去，看到的可能是滿目瘡痍，我估計這種壞天氣，一又是星期二，去的人一定不多。這樣正中下懷。臺灣地方小，人多，任何風景名勝，一遇好天氣或是假日，必然人潮洶湧，變成人看人，反而不能欣賞風景名勝，這是「殺」風景，我是最不願意趕熱鬧的。十年前的秋天，也是一個秋風秋雨的日子，我請了一天假，獨自一人漫步去遊烏來（不坐臺車）一個人享受一山的寧靜，留下了最美好的回憶，也留下兩首七律。這次遊林家花園，我也是懷著同樣的心情，想享受一園的清靜。

我很少去板橋，坐公車去板橋我簡直不辨方向，也不知道林家花園在那裡？三十八年剛來臺灣時，有一位朋友就借住林家花園，大概是四十年左右，我去過一次，記得一下火車沒走多遠就到。那時板橋真是一個小鎮，沒有多少人家，更沒有高樓大廈，林家花園的目標很大，現在板橋到處是高樓大廈，公車過了華江大橋一直在大街上轉來轉去，經人指點，我才知道在什麼站下車，到了林家花園附近我才知道林家花園在那裡？因為它的目標已經太小了。

到了林家花園的入口，更是細雨霏霏，冷冷清清，看不見人影，果然不出我所料，可以免掉人聲嘈雜，像趕夜市的喧囂，心中暗自高興。

林家是臺灣的大姓，有「陳林半天下」的說法。我們張家在大陸是大姓，現在有上億人口，在故鄉更有「九李十八張」的說法。但在臺灣只和黃姓不相上下，約佔第五六位。

林家花園當然是林家的私人園邸，他的正式名稱是「林本源園邸」，是內政部核定的二級古蹟。臺北縣政府為保存文化遺產，發展觀光事業，乃協調園邸繼承人代表與有關單位決定整修，耗資一億五千餘萬元，於七十五年十一月底竣工，七十六年元旦正式開放參觀。開放的部分佔地三千七百多坪。園景包括：汲古書屋、方鑑齋、來青閣、開軒一笑、橫虹臥月陸橋、香玉簃、觀稼樓、定靜堂、月波水榭、榕蔭大池、雲錦淙、海棠池等。未開放的三落舊大厝是林本源祭祀祠堂。

「林本源」是家族稱謂，不是個人姓名。林家祖籍是福建漳州府龍溪縣，這個地方的人落籍在臺灣、菲律賓的很多。林家祖先林應寅於乾隆四十三年（一七七八）渡海來臺，先住新莊，二傳至平侯，以經營米業致富，後又與新竹林紹賢聯合辦理全臺鹽務，兼營船業，往來臺灣、大陸、南洋間，因此富甲一方。

中國人向來是「學而優則仕」，但平侯是「商而富則仕」，因為晚清公開賣官鬻爵，即所謂「捐官」，平侯便納粟捐官，先任廣西潯州通判，由通判而任賓縣知縣，最後任柳州知府，辭官歸隱回到新莊，由於當地漳泉二州福建人經常械鬥，於嘉慶年間移大嵙崁（大溪）。

平侯有五子，分掌飲、水、本、思、源五記，其中三子國華、五子國芳較為傑出，合稱「本源」。所以「林本源園邸」是寓有「飲水思源」的深意，要林家子孫不要忘記他們是福建漳州龍溪人。

林本源園邸先由國華、國芳兩兄弟合力興建三落舊大厝，因為他們開墾成功，墾地從大溪拓展到桃園、宜蘭，面積之大，可以想見，到了光緒初年林家已經成為全臺首富，人口更多，原本三落舊大厝不够居住，國華子維源又興建五落新大厝，於光緒十四年（一八八八年）完成，新大厝完成後林維源又投資約五十萬兩銀子，費時五年，才完成林家花園的建築。林家花園完成的第二年（光緒二十年），發生了中日甲午戰爭，清廷戰敗，將臺灣割讓日本，林維源舉家內渡廈門。臺灣光復後，三十八年大陸變色，各省人口大量湧進，林家慨然將花園部分借住，雜居人口多至百餘戶，加上許多違建，林家花園己面目全非。民國六十一年，林家將花園部分捐獻政府，經過整修後正式開放。這是林家花園的滄桑。

進了林家花園的入口，是一條幾十公尺長的甬道，兩旁種了一些花草，但沒有什麼花開，到了甬道盡頭，就隨著指標右轉，沿著迴廊到汲古書屋，迴廊不寬不高，到汲古書屋的過道更覺逼仄。汲古書屋也很小巧，是林家藏書的地方，現在自然一本書也沒有，只是供人參觀外表。

方鑑齋是林維源兄弟讀書的地方，書房的光線不夠明亮，對面有個戲臺，戲臺與書齋之間是水池，建築組合都很小巧，池中養了錦鯉，水色泛綠，游魚隱約可見，不是一清見底，直視無礙。我在戲臺的紅漆長凳上坐了一會，一面欣賞雨景和池中錦鯉，一面領略難得的寧靜，遙想當年農業社會的板橋小鎮，林維源在此享受詩意的人生，可以說是富而好禮，富而不俗。今天在臺灣的暴發戶比當年林家多得多，財富更不必說，但除了聲色犬馬的徵逐之外，精神生活是一片空虛，酒櫃代替了書櫥。他們缺少林維源那種雅興，那股書香氣味。這是十分可惜的。林維源雖已早作古人，但他留下了這份遺產，還能讓後人發思古之幽情。今天的「林維源」不只千百位，他們能為後人留下什麼呢？美人、軒尼詩XO、朋馳……能帶走嗎？清朝的林維源，比現代的「林維源」氣質、思想境界是高多了。

來青閣是兩層建築，是當年板橋最高的建築，也是園內宏偉富麗的建築，因此稱為「繡樓」，是招待貴賓之處。對面也有個戲臺，題名「開軒一笑」。「閣」與「軒」之間沒有水池，是一個廣場，園內另一個兩層建築是觀稼樓。當年可以翹望觀音山南面阡陌縱橫的田園風光。

榕蔭大池比方鑑齋的池子大得多，也顯得開闊多了，這是一個可以遊憩的地方，可惜榕樹不大，更無柳樹，因此缺乏那份垂柳千條的詩情畫意。

其他的園景恕不一一。

整個的林家花園就林維源個人來說是夠大了，但作為一個觀光的古蹟名勝又嫌小了一點。園林建築設計頗具匠心，富對稱美，有書卷氣，十二景的題名都書香洋溢，頗具學養，現代富翁除了「華盛頓」、「白宮」……之外，恐怕很難想出中國文化本位的高雅名稱了。

林家花園雖然小巧了一些，但林維源先生確實為臺灣留了一大筆中國文化遺產。在十分西化的今日臺灣，尤其具有重大意義。林家建立了「富而好禮」的典範。希望臺北縣長更多請一些今天的「林維源」前往參觀。像我這樣「有心無力」的窮文人，不能「見賢思齊」，只能以一首「遊林家花園」七律酬謝雅意。

細雨輕車到板橋，狂飆呼嘯漲秋潮。
來青閣內尋陳跡，方鑑齋中伴寂寥；
觀稼樓頭雲靉靉，榕蔭池畔木蕭蕭。
遊人最繫江南柳，穿過林園未折腰。

輯三

詩情

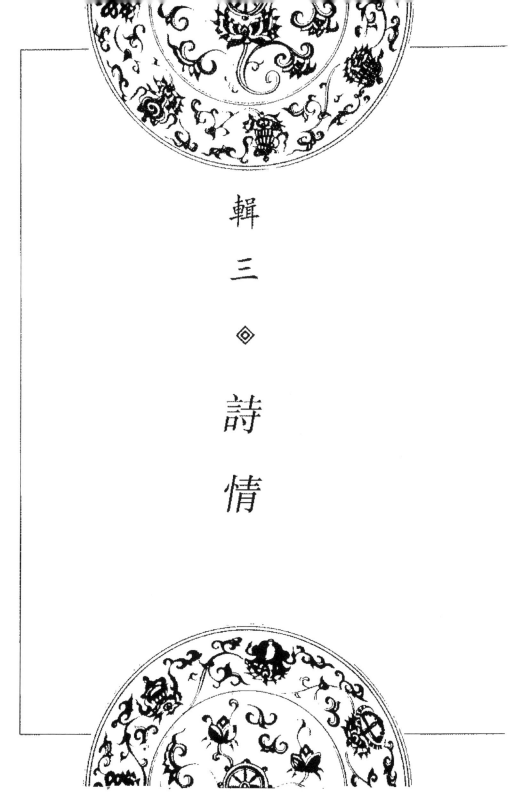

「詩學津梁」序

「五四」以後，中國傳統詩詞日漸式微，其原因在於游學西方的學者大力提倡新詩。胡適首先出版白話詩「嘗試集」以為先導，因而產生了中國新詩。但新詩不同於詞，詞者詩之餘也。詞不是革絕律詩的命，詞是詩的自然演進，仍然一脈相承，正如近體詩自古體詩演進而來一樣，血肉相連。新詩完全是橫的移植，不是縱的繼承，它與中國傳統詩詞缺少血統關係，胡適提倡新文學運動，在小說方面的衝擊，不像新詩那麼劇烈，因為小說是用散文寫的，而且中國小說早就運用日常語言，宋人平話如此，水滸傳如此，金瓶梅如此。故事毫無所本，完全創作的紅樓夢更是如此，而紅樓夢的最大成功就在於語言文字的靈活運用。中國作家運用白話寫小說，早於胡適提倡白話文學幾百年。「五四」以後中國小說的改變只是將傳統的章回改為西洋小說的

一、二、三、四……，小說的結構、故事、人物的共同要素，中西一樣，所以影響很少。至於文字語言雖然民族文化背景不同而異其趣，但小說的文字語言迴旋的空間很大，作者可以各取所長，自由運用、發揮，篇幅的長短，亦無限制，所以中西小說並無基本衝突，亦無格格不入之處。

詩則不然。

詩不是用散文寫的，詩的文字語言有其特性和音樂性，中國傳統詩詞文字語言的精鍊、舉世無匹，尤其是絕律詩和短調，已入化境，充分表現了中國單音節文字的特性和優點。英國的商籟體詩亦難望其項背。因為絕律詩、詞，不但要押韻，而且講究字的平仄，因此除了產生詩的意象美之外，還可以歌、可以詠，而同時表現了節奏美，予人以視覺上聽覺上的雙重享受。

新詩因為是用白話寫的，既不押韻，亦不講究平仄，自然喪失了中國單音節字的許多組合上的優點。再加上白話文遠不如文言精鍊。因此，新詩所用的文字雖多，卻不如傳統詩詞以極少的文字便能產生極多的意象。柳宗元的五絕「江雪」便是一個很好的例子：

千山鳥飛絶，萬徑人踪滅。
孤舟蓑笠翁，獨釣寒江雪。

這首詩選用的是仄聲韻，如果用平聲韻的詩，在聽覺上會有更大更好的音樂效果。詞的音樂效果更強。

而胡適的「嘗試集」裏就沒有一首詩能達到中國傳統詩詞的意象美和音樂效果。這固然同他的才氣有關，主要原因還是文字語言工具取法乎下，因此連徐志摩也不能達到。迄今新詩已經寫了七十年，我們很希望能產生一個新詩的盛唐時代，只怕這條路還相當遙遠。如果新詩人能夠在詩的語言文字方面有空前突破，新詩的盛唐才能脫穎而出，但這是一個非常艱巨的工程。

傳統詩人要想再創造另一個傳統詩的盛唐時代也不容易，但這不是傳統詩的文字語言問題，而是怎樣運用中國單音節字的優點和特性，與現代思想觀念事物結合起來，創造屬於現代的傳統詩詞的新意象和新境界。這又是另一個非常艱巨的工程。不幸的是，能寫傳統詩詞的人已經愈來愈少，能懂詩詞的規律平仄的青年人更少，詩人的氣質和詩才更是一個先決條件。

大陸老教授程仁卿先生，是一位有心人，他為了使中國傳統詩學得以延續、發展，以五年時間，編著了三十萬字的「詩學津梁」、分門別類，旁徵博引，並加注釋，用力甚深，用心良苦，他這種篤實務本的學人精神，令人起敬。他這本書對於有志於中國文學的青年人，真是良師益友。日後再版時如能增訂傳統詩詞作法一章，則更完備。程教授遠在安徽，隔海函囑漱菡索序於余，盛情難卻，故不揣翦陋，作卷頭語如上，亦以就教於高明。

詩與詞

中國文化博大精深，中國文學亦浩如煙海，而個人的時間精力有限，平生未讀的書太多。即以全唐詩來說，共達四萬八千九百餘首，二千二百餘家，能讀完全唐詩的人不多，現在連唐詩三百首尚未讀過的人更不在少數。沒有讀過自然不能瞭解，沒有仔細讀過也不能深入瞭解，尤其現在是一個工商業社會，功利第一，文學不是實用的學科，沒有什麼功利可言（文學在文化精神層面的大功用則忽焉不察），屬於古典文學的唐詩既不列入大專聯考，自然派不上用場，也就更少人問津了。

「五四」以後，西洋詩移植過來，因而產生了新詩，古典詩更受冷落，因為它連拿稿費的資格都沒有。在這個以字數計算稿酬的文學市場，即使是以窮一生精力，寫了二千八百三十多首長短詩的白居易來說，恐怕他一生還拿不到五萬塊錢台幣的稿費，不夠四口之家的一個月生活費用。李白、杜甫那就更少了！因為他們兩人的詩加起來還沒有白居易的多，工商業社會的文學市場，是把黃金變成糞土，對文學價值的衡量、判斷，是不公允、不適當的，因此對文學的發展也自然產生了負面影響。

我對中國文學執著而深具信心，在古典詩式微，連唐詩也不受重視的今天，我費了不少時間，讀完了全唐詩。在存在主義、意識流之風氾濫台灣而使大家熱昏了頭的時候，我默默地寫了《紅樓夢的寫作技巧》。當時沒有一家報紙肯發表，我便交給商務印書館出版，這是民國五十五年的事，那時我完全靠寫作養家活口，這本書我沒有拿到一文稿費，我也咬著牙認了。幸好這本書一直是商務的暢銷書，而且是內行買的多，總算我的心血沒有完全白費。

《紅樓夢》是我國小說的經典之作，唐詩宋詞是我國詩詞的代表之作，是中國文學的精髓。

詞肇於唐、興於五代、成於兩宋，為中國文學的一大特徵。詞者詩之餘也。節奏之美、彈性之佳，尤過於詩。惜乎西化以來，視如糟粕、棄如敝屣，我也費了不少時間，讀完了全唐、五代、兩宋詞共二萬六千二百餘首。

詞亦稱長短調，詞與音樂的關係比詩更為密切，詞的各種調都是為了唱而製作的，詞人選調填詞，目的也是便於唱。但就創作效果而言，長調不如短調，正如長詩不如短詩一樣。因為詩詞宜於抒情，需要最精練的文字、語言，文字一經敷陳便流於散文化，便淡而無味了。我曾就我選的全唐、五代、全宋好詞作了一個統計，列表如下：

浣溪沙	七十首
菩薩蠻	五十八首
鷓鴣天	三十八首
卜算子	五十五首
蝶戀花	二十四首
西江月	二十二首
清平樂	二十首

生查子　十九首
長相思　十八首
浪淘沙　十七首
臨江仙　十五首
望江南　十五首
踏莎行　十二首
如夢令　十二首
朝中措　十一首
訴衷情　十首
點絳唇　十首

以上好詞全是短調，而十首以下的短調還很多，如「一剪梅」、「虞美人」、「采桑子」、「鵲橋仙」……等是，賺人眼淚最多的大詞人李後主、李清照、朱淑真，他們膾炙人口的好詞全是短調。即以歐陽修、蘇東坡、賀鑄、秦觀、辛棄疾、陳允平、陸游、晁端禮、毛滂……等男性詞人而言，除蘇東坡的「念奴嬌」、「滿庭芳」較長外，都是短調，岳武穆的「滿江紅」，也只能算是中調，真正長調的只有汪元量的「鶯啼序」（重過金陵）。至於少為人知的女性詞人如陳鳳儀、琴操、盼盼、蘇瓊、啞女、美奴、花仲胤妻、樂婉、聶勝瓊、唐婉、陸游妾某氏、蜀妓、易祓妻、王清惠、章麗真、金德淑、連妙淑……等等，她們的傑作無一不是短調。這是唐朝、五代、宋朝一千多位詞人經過幾百年的創作試驗結果，給予我們後人在創作上的一大啟示，一大教訓。文學創作的成功、失敗，與作者使用的手段方法有密切的關係。而運用之妙則存乎一心，惟智者知所抉擇。

詩詞雖是純文學作品，但純文學作品並非空中樓閣，亦是時代心聲。如汪元量的「鶯啼序」，宋宮人的「望江南」、岳飛的「小重山」、「滿江紅」等，都與時代息息相關。南宋之亡，在宋朝詞人作品中都有脈絡可尋，令人感慨。

我讀完了全唐宋詞之後，也有感而填了兩首「鷓鴣天」。

其一（讀全唐宋詞）

唐宋詩詞萬古留，李家父子亦千秋。雙嬌絕代稱朱李，一世宗師有陸游。
蘇東坡、歐陽修，各領風騷百尺樓。武穆更兼汪元量，道盡臨安萬事休。

其二（詠宋宮人）

玉樓金闕變荒丘，粉黛宮娥淚不收。羌管角聲驚客夢，才人寫盡燕山愁。
雲黯黯，恨悠悠，兒女情懷繞指柔。望徹江南千里路，楚因腸斷薊樓秋。

政府開放探親以後，生離死別四十一多年，回鄉探親者已超過一萬人。春節期間，探親人潮更如浪湧，這是人之常情。我離家已超過四十年，父母早已去世，但親人仍多，雖欲返鄉骨肉重聚，然遲遲不決。此中情結，一言難盡。生為現代知識分子，痛苦更甚。因填「探親」詞五首，以志心聲。

長相思

憶江州，夢江州，夢見匡廬一片秋。長江日夜流。
桑枝柔，柳枝柔，甘棠湖水綠悠悠。相思到白頭。

浣溪沙

萬里江山憶舊游，潯陽風景勝西歐。甘棠水軟柳輕柔。
歸夢未隨流水去，傷心人在碧山陬。張郎魂逸水邊樓。

〔註〕：余籍隸江西九江，九江古名江州，亦稱潯陽。廬山為境內名山，甘棠湖為城內名湖，長江為中國第一大江，沿城而下，鄱陽湖為中國第二大湖，在廬山之陽。陶淵明為鄉賢，白居易曾任父母官。名勝古蹟之多，難以勝數。余現居大屯山之陽，身在異鄉，心念家園，常興有家歸不得之嘆。

鷓鴣天三首

少小離家老未回，潘鬢歲月盡成灰。棲遲海上長爲客，心繫江南嶺上梅。
消息動，曙色催，湧向中原浪作堆。故鄉父老頻相問：落拓張郎來不來？

其二

臘鼓聲中一陣雷，孤臣孽子委塵埃。天涯淪落骨肉散，群向中原問劫灰。
鄉思病，司馬淚，江郎不敢舉瓊杯。夢中幾次登秦嶺，醒後方知人未回。

其三

四十年前傷心事，一朝都到眼中來。人生幾見當頭月？堂上椿萱土一坏。
彤雲重，雪成堆，萬里冰封花未開。何時望到江南柳？紅袖春衫燕尾裁。

談詩詞評選

我對中國古典文學精品傳統詩詞，曾作了一番全盤研讀評鑑工作，這是別人還沒有作過的，因為這個工程相當大。我們一提到中國古典文學，如果問那一種最具有代表性？幾乎人人都會說出「唐詩」、「宋詞」、但全唐詩（含五代）共有四萬八千九百多首，詩人亦多達兩千兩百餘人，面對這樣浩如煙海的作品，能有勇氣和耐心一首首讀完的，恐怕也沒有幾人？別說仔細評鑑了。但是我默默地作完了這件工作。我從四萬八千九百多首詩中精選了六百四十多首，詩人兩百五十八家，而且分析了當時的文學思潮以及作者個人的思想背景和作品風格，我定名為「全唐詩尋幽探微」，於民國七十六年八月由台灣商務印書館出版。

基於對中國古典詩詞的鍾愛，而且希望以古人的心血結晶，引起現代中國人，尤其是新詩人們的一點關注，接著我又寫完了「全唐宋詞尋幽探微」，在兩萬六千三百餘首的全唐詞、五代詞、宋詞中，我以評鑑全唐詩同樣的觀點、態度和手法，評選了九百零八首詞，三百五十餘家，於民國七十八年六月亦由台灣商務印書館出版。稍後，我將再繼續撰寫「全宋詩尋幽探微」，這是我認為作為一個中國人應該作的工作。

至於古典小說的評鑑方面，早在民國五十五年十一月，台灣商務印書館已經出版了拙作「紅樓夢的寫作技巧」，因為小說的篇幅太大，即使我能將中國古典小說用《全唐詩尋幽探微》、《全唐宋詞尋幽探微》方式評選出來，也沒有地方出版，我修訂的「張本紅樓夢」就束之高閣十餘年。

文學的評鑑工作很不容易，「評」比「選」更難，評選合而為一，對作者和作品都是一個比較完整的交代。而這種工作對古典文學作品比較少有顧忌，對現代文學作品則顧忌甚多。雖然有些當代選集大系之類的書籍編者，敢於一筆肯定、否定那些沒有經過時空考驗的作者、作品，那也只是表現他們膽大而已。文學是公器，是國家民族的「智慧財」，不是私人的御用品。讀者也不是人人毫無判斷能力的，何必先作定論。

讀全唐宋詞

詞是由唐人樂府演變而出的，開元、天寶肇其端，元和、太和衍其流，大中、咸通以後，迄於南唐二蜀，更是家工戶習，曲盡其變。至宋乃集詞之大成，而成為一代文學的表徵。

唐明皇精通音律，可以說是詞的催生者。

唐朝重要的先驅詞人是李白、白居易、張志和、王建、溫庭筠、皇甫松、韋莊、無名氏、呂巖等；五代的重要詞人是李璟、李煜父子、和凝、牛希齊、薛昭蘊、魏承班、尹鶚、歐陽炯、馮延巳等；宋朝重要的詞人是歐陽修、蘇東坡、賀鑄、秦觀、辛棄疾、陳允平、陸游、晁端禮、汪元量、毛滂、李清照、朱淑真、朱敦儒等。他們的作品大多量多而質亦佳。他們每位的作品我都選了十首以上，而以歐陽修的十八首，蘇東坡的十七首，陳允平的十六首最多。其他重要詞人我在正文裏面已有論列，不一一列舉。

全宋詞人作品最多的是辛棄疾，他有長短調六百二十二首，無出其右。正如白居易的作品數量高居唐朝詩人中的第一位一樣。

宋朝詞人作品最少的只有兩首，而又以女詞人居多，如陳鳳儀、琴操、盼盼、蘇瓊、啞女、美奴、花仲胤妻、樂婉、聶勝瓊、唐婉、陸游妾某氏、蜀妓、易祓妻、南宋度宗昭儀王清惠、宮人章麗真、袁正真、余德淑、連妙淑、黃靜淑、陶明淑、柳華淑、楊慧淑、梅順淑、吳昭淑、周容淑、吳淑真及徐君寶妻、劉氏、張淑芳等。她們的作品雖少，但首首都是佳作。尤以王清惠以下的許多宮人與宋亡被掠的民婦徐君寶妻、劉氏，她們的才情不但足與李清照、朱淑真相頡頏，而她們的作品，更是有血有淚，與「為賦新詩強說愁」的閨秀作品大異其趣。南宋亡國的慘痛史實，從她們的作品中曲曲道出，感人至深。而陸游妻唐婉的「釵頭鳳」、陸游妾某氏的「生查子」，都足與李清照、朱淑真媲美；都下妓聶勝瓊的「鷓鴣天」更易誤為李清照、朱淑真的作品，正如歐陽修的「生查子」「元夜」誤為朱淑真、李易安的作品一樣。且看聶勝瓊的「鷓鴣天」（寄李之問）：

玉慘花愁出鳳城，蓮花樓下柳青青。尊前一唱陽關後，別箇人人第五程。尋好夢，夢難成，況誰知我此時情？枕前淚共簾前雨，隔箇窗兒滴到明。

李清照、朱淑真是人人皆知的大詞人，而聶勝瓊及宋宮人等，知者絕少，此與作品多少可能有關，亦有幸有不幸也，她們生而不幸，死後無名，我將她們的佳作選出，起千年古人於地下，於心稍安。此其一。

第二、南宋之亡，原因很多，而音樂家兼詞人的汪元量（水雲），以琴事謝后、王昭儀，宋亡又隨三宮留燕，則是目擊證人。他是大音樂家、大詞人，亦聲名不彰。他長短調均佳。他的長調「鶯啼序」（重過金陵），內容充實，無論懷古、感時、敍事，無一不佳！宋人長調多流於散文化，而汪元量的「鶯啼序」是大長調，但絕無此流弊。較之蘇東坡的「念奴嬌」、「赤壁懷古」實有過之，為兩宋詞人中長調懷古絕唱。他的「洞仙歌」、「滿江紅」，也都是傑作。他的詞多與時局有關，低徊含蓄，是詞中高手。他的名聲遠不如柳三變、辛稼軒，亦使我感慨萬千。

第三、詞是一種純抒情的文學，尤宜於多愁善感、心思細密的女性，故離不開一個「愁」字。即以大文學家大史學家歐陽修而言，他的詞就十分細膩婉約，所以他的「生查子」被誤為李清照、朱淑真的作品。但北宋詞風至歐陽修的門生蘇東坡而大變，由細致婉約而豪情萬丈，由「人約黃昏後」而唱「大江東去」，至岳飛更進一步而憂時憂國，而悲憤填膺，他唱「壯志飢餐胡虜肉，笑談渴飲匈奴血。」他的兩首「滿江紅」都是有感而發，第一首「寫懷」由於譜成了歌曲，人多能唱；第二首「登黃鶴樓有感」，寫金兵逼近京畿，生靈塗炭，田園寥落，歷歷如繪，不亞於第一首；「小重山」寫他憂心國事，繞室徬徨；「知音少，絃斷有誰聽？」那種孤立無援，孤掌難鳴的窘境，易引起後人對歷史的沉思。岳飛不但是民族英雄，也為全宋詞留下另一悲壯典範，更令我肅然起敬。他與文天祥都是中華民族魂，但進士出身的文天祥，以詞而論，反而不如軍人出身的岳武穆。

第四、詞是兩宋文學的代表，是那個時代的象徵。但詞與音樂的關係比詩更為密切，詞的各種調都是為了唱而製作的，詞人選調填詞，目的也是便於唱。但就創作效果而言，長調不如短調。全宋詞中長調好的太少，正如全唐詩中長詩好的很少一樣。因為詩詞需要最精練的文字語言，文字一經敷陳，便流於散文化，效果即大打折扣。

第五、李唐、趙宋，都不過兩三百年，短命王朝更不過數十年。任何朝代都會更迭轉換，人更不過數十年生命，創作生命更短，但文學千秋萬世不朽，詩經、楚詞仍有生命活力、唐詩、宋詞更不僅為一代之徵，且必永垂不朽。趙匡胤從李後主手中奪走了南唐江山，置李煜於死地，但他奪不走李煜的文學生命。一般詩人作家，活著的時候更可能遭遇種種不幸，衣食不周猶其餘事。如果詩人作家只追求眼前的浮名虛利，而不能沉潛下來不屈不撓生死以之地默默創作，他也許活得很光彩、很舒服，但他的文學生命未必能延續下去。歷史是最好的證人。

帝王詞人

唐詩在中國文學史上有其特殊地位，影響後世達千年之久。從前的讀書人，人人會寫，人人能背。今天傳統唐詩雖已被新詩取代，但唐詩仍然光芒萬丈，歷久彌新，是我們最寶貴的文化遺產。

唐人除了在詩這方面成就最高外，在小說方面也有傑出的表現，如元稹的「鶯鶯傳」、杜光庭的「虬髯客傳」、白行簡的「李娃傳」，蔣防的「霍小玉傳」，李公佐的「南柯太守傳」……等等，都是結構嚴謹，文字精鍊，人物突出的好小說，堪為後世短篇小說示範。

此外，唐人也開創了詞的先河。詞始於唐而不始於宋，宋人受唐人餘蔭而成其大。

詞是由唐人樂府演變而出的，開元、天寶肇其端，元和、太和衍其流，大中、咸通以後，迄於南唐二蜀，更是家工戶習，曲盡其變。全唐詞（含五代）共有七五〇首。

詩可以吟詠，詞更宜於演唱，詞與音樂的關係較詩更為密切。詞以其長短句而更富有旋律美、節奏感，小令短調更比長調好。

「上有好焉者，下必有甚焉者。」文學更是如此。

唐朝的帝王多能詩，太宗、宣宗都是傑出的詩人。宣宗「弔白居易」七律，一片真情，十分工穩，原詩如下：

綴玉聯珠六十年，誰教冥籍作詩仙？
浮雲不繫名居易，造化無爲字樂天；
童子解吟長恨曲，胡兒能唱琵琶篇。
文章已滿行人耳，一度思親一愴然。

這首詩雖然只是弔白居易一個人，但對當時和後世的詩人精神上的鼓勵該有多大？唐朝詩人多達兩千兩百餘人，唐詩多達四萬八千九百餘首，豈是偶然的？

唐朝帝王后妃中有很多詩人，也有兩位詞人。

一是唐明皇。

唐明皇不但是詩人，又長於音樂，所以他將詩變成長短句，這樣就更好演唱了。他留下的一首詞是：

好時光

寶髻偏宜宮樣，蓮臉嫩，體紅香，眉黛不須張敞畫，天教入鬢長。

莫倚傾國貌，嫁取箇，有情郎，彼此當年少，莫負好時光。

這完全是一首寫女性的詞，他寫的女性不外宮娥，由於他深解音律，所以這首詞的節奏感強，旋律很美，是一首好詞。

二是昭宗皇帝。

昭宗皇帝有詞四首，首首都好。

縹緲雲間質，盈盈波上身，袖羅斜舉動埃塵，明艷不勝春。

翠鬢晚粧煙重，寂寂陽臺一夢，冰眉蓮臉見長新，巫峽更何人？

蝶舞梨園雪，鶯啼柳帶煙。小池殘日艷陽天，苧蘿山又山。

青鳥不來愁絶，忍看鴛鴦雙結？春風一等少年心，閒情恨不禁。

這兩首「巫山一段雲」，文字比明皇的「好時光」更美，意象更為生動，如「縹緲雲……，……波上身……」表現了具象美，「……春風一等少年心，閒情恨不禁。」又表現出一種抽象的感情的淒美。

菩薩蠻（一名子夜歌，一名巫山一片雲、一名重疊金。）

登山遙望秦宮殿，茫茫只見雙飛燕，渭水一條流，千山與萬丘。

遠煙籠碧樹，陌上行人去。安得有英雄？迎歸大內中。（一作「何處是英雄？迎儂歸故宮。」但不如「安得有英雄？迎歸大內中。」委婉圓融。）

飄飄且在三峰下，秋風往往堪霑灑，腸斷憶仙宮，朦朧煙霧中。

思夢時時睡，不語長如醉，早晚是歸期，蒼穹知不知？

這兩首菩薩蠻，和前兩首「巫山一段雲」，異調同工，可見昭宗皇帝才情，非只識彎弓射雕者可比。

開元、天寶，是詞的萌芽時期，所以明皇以前的帝王有詩無詞，因此有唐一代，只有明皇、昭宗留下六首詞來。但詩之轉變為詞是相當自然的轉變，不像新詩一樣是根本的改變。所以詞與詩是血肉相連，新詩與傳統詩卻缺少血肉關係。詞之稱為長短句，或「詩之餘」者，正說明詞只是形式上的一些變化，實際上是詩的一脈相傳。由於是一脈相傳，唐朝帝王的寶座雖然已拱手讓人，但後世帝王在詞的方面仍承唐朝餘緒，且青出於藍。

後唐莊宗（名存勗，在位四年，諡曰光聖神閔。）

莊宗有「一葉落」、「如夢令」、「陽臺夢」、「歌頭」詞四首，但以「如夢令」（一名憶仙姿，一名宴桃園，一名比梅）最佳：

曾宴桃園深洞，一曲清歌舞鳳。長記別伊時，和淚出門相送。如夢，如夢，殘月落花煙重。

這是一首充滿感性的詞，寫「情」、寫「境」都好，「如夢令」是標準的短調，最宜抒情。好詞亦多。

南唐嗣主李璟

南唐先主李昪、嗣主李璟、後主李煜、祖孫父子三人都是傑出的詩人，而李璟、李煜同時更是傑出的詞人，李璟有「浣溪沙」一首，「攤破浣溪沙」兩首，無一不佳。我們都知道後主李煜是曠世詞人，卻很少知道他父親李璟也是詞中高手，有其父才有其子。讀了李璟的詞，便知道李煜的詞脫胎於其父。

浣溪沙（一作浣紗溪，一名小庭花。）

風壓輕雲貼水飛，乍晴池館燕爭泥。沈郎多病不勝衣。

沙上未聞鴻雁信，竹間時聽鷓鴣啼。此情惟有落花知。

這首詞發揮了詞的雙重效果，是語文與音樂的最佳結合，美得不能再美。

攤破浣溪沙

菡萏香銷翠葉殘，西風愁起綠波間；還與韶光共顦顇，不堪看。
細雨夢回雞塞遠，小樓吹徹玉笙寒；多少淚珠何限恨，倚闌干。

手卷真珠上玉鉤，依前春恨鎖重樓；風裏落花誰是主？思悠悠。
青鳥不傳雲外信，丁香空結雨中愁；回首綠波三峽暮，接天流。

李璟這三首詞絕不在李煜之下。放在李煜詞中，便很難分辨出來。

後主李煜

李煜有詞三十四首，都是短調，首首都好，充滿兒女私情與亡國哀音，他的「渡中江望石城泣下」七律與「破陣子」詞，最能表現家國之痛，讀之令人泣下。他的好詞太多，且選幾首作為代表。

憶江南（四首錄二）

多少恨，昨夜夢魂中；還似舊時遊上苑，車如流水馬如龍，花月正春風。

擣練子（一名深院月，二首錄一）

深院靜，小庭空，斷續寒砧斷續風。無奈夜長人不寐，數聲和月到簾櫳。

相見歡

林花謝了春紅，太匆匆，無奈朝來寒雨、晚来風；胭脂淚，相留醉，幾時重？自是人生長恨、水長東。

無言獨上西樓，月如鉤，寂寞梧桐深院、鎖清秋；剪不斷，理還亂，是離愁！別是一番滋味，在心頭。

菩薩蠻（四首錄一）

花明月暗籠輕霧，今宵好向郎邊去。剗襪步香階，手提金縷鞋。畫堂南畔見，一晌偎人顫，奴爲出來難，教君恣意憐。

浪淘沙（二首錄一）

簾外雨潺潺，春意闌珊，羅衾不耐五更寒，夢裏不知身是客，一晌貪歡。獨自莫憑欄，無限江山，別時容易見時難，流水落花春去也，天上人間。

虞美人（二首錄一）

春花秋月何時了，往事知多少？小樓昨夜又東風，故國不堪回首、月明中。
雕闌玉砌應猶在，只是朱顏改，問君能有幾多愁？恰似一江春水向東流。

破陣子

四十年來家國，三千里地河山；鳳閣龍樓連霄漢，玉樹瓊枝作煙蘿，幾曾識干戈？
一旦歸爲臣虜，沈腰潘鬢銷磨，最是倉皇辭廟日，教坊猶奏別離歌，垂淚對宮娥。

李煜醇酒美人、不識干戈的帝王生涯，就此結束。他不合作帝王，只宜作詞人。帝王、詞人兩種角色性格的衝突，造成了他的悲劇下場，他是詞國的真正帝王，卻是現實政治的侏儒。

蜀主王衍

王衍有詞兩首，一為「醉妝詞」：

者邊走、那邊走，只是尋花柳；那邊走，者邊走，莫厭金杯酒。

另一首詞是「甘州曲」：

畫羅裙，能解束，稱腰身，柳眉桃臉不勝春，薄媚足精神，可惜淪落在風塵！

從這兩首詞中我們可以看到末世帝王尋花問柳，紙醉金迷的生活，因此都不成氣候。

後主孟昶

孟昶只有「木蘭花」詞一首：

冰肌玉骨清無汗，水殿風來暗香滿。繡簾一點月窺人，敧枕釵橫雲鬢亂。

起來瓊户啟無聲，時見疏星渡河漢。屈指西風幾時來？只恐流年暗中換。

孟昶少為人知，花蕊夫人徐氏卻耳熟能詳，他就是徐氏的「述亡國詩」中的「君王城上豎降旗」的君王。他好打毬走馬，左擁右抱，所以亡國。這首「木蘭詞」卻很不錯。

詩人已乘黃鶴去

——悼張雪茵兼介其詩詞

散文作家張雪茵女士，臥病多年，於九月二十六日下午三點五十分辭世，十月一日火化，十四日上午九時假台北市立第二殯儀館公祭，我在上班尖峰時間從北投匆匆趕往辛亥路殯儀館，折騰了兩個多小時，幸好在九點二十分趕上文協、婦協兩單位文友公祭，人不多，我正好湊個數兒。心裏有點戚戚然，因為場面有些冷清，文友也許沒有接到訃文，或其他原因沒有趕來。

張雪茵五十六年寫了兩首「感懷」詩，第二首是：

良馬尚難逢伯樂，高山流水幾知音？
自笑平生無媚骨，任他得失不關心。

從這首詩中我們可以看出她落寞的心情和孤芳自賞的性格，去世後難免冷清，或許她早已料到。詩人詞人生於今世，真可謂「生不逢辰」。我和她向少交往，就因為她是我知道的當代極少數詩人詞人和「生無媚骨」的關係，所以我才趕去行個禮。

我也領了她家屬發給我的兩本紀念書籍：一是散文集「綠蔭庭院」，一是詩詞集「雙玉吟草」。「雙玉吟草」是毛筆楷書的，不加標點符號，古意盎然。我一看就暗自惋惜「曲高和寡」，甚至有不少人還不會斷句，因此可能丟進字紙簍裏。現在的社會，個人的文學思想境界不能太高，一高書就不能暢銷，人也更加落寞。連她的散文集「綠蔭庭院」書名也太高雅，遠不如卡拉OK那樣能吸引青年人。但張雪茵並沒有錯，錯的是她生錯了時代，中國文化、文學的倒錯。

我在回程車中一口氣讀完了她上百首詩詞。

「雙玉吟草」一共收集了五言、七言、絕句、律詩七十多首，題為：「春漲」、「春暮」、「小居」、「山村雨後」、「江南春憶」、「秋思」、「歲月」、「紅葉」、「秋閨怨」……等；詞共二十多首，調名「鷓鴣天」、「昭君怨」、「夢江」、「臨江仙」、「虞美人」、「菩薩蠻」……等。

她的好詩如下：

春暮

夜寒人靜欲三更，剪剪春風雨意成。
最是不堪傾耳聽，茜紗窗外落花聲。

山居（二首錄一）

兩三茅舍隔溪村，野水參差落漲痕。
燕子不來春寂寂，落花風雨過柴門。

江南春憶

江南春色最依依，綠柳煙籠十里堤。
今日天涯空恨想，好風吹夢繞橫溪。

偶過林家花（六首錄二）

蒼涼石徑夕陽斜，樓閣依然似故家。

記省當年遊樂處，那堪舊夢捨天涯？
秋痕點點上庭柯，寂寞寒雲逐雁過。
錦瑟塵封人去久，尋芳杜牧枉情多。

秋思

秋思紛比網千絲，鬧別銀燈讀楚詞。
滿院秋聲禁不住，一鈎殘月上窗遲。
枯柳殘荷動客悲，玉墟香冷獨徘徊。
秋痕一抹梧桐樹，夜夜寒霜怕卷帷。
蕭蕭落葉亂吟眸，煙雨悽迷九月秋。
雙鬢欲華人易老，一生禁得幾多愁？

鎮日湘簾懶上鈎，西風又過最高樓。
寒蟬不管人憔悴，吟到深秋未肯休。

閒階小立數花鈿，葉葉枝枝瘦可憐。
寒雁又來還又去，天涯歸夢自年年。

十載還家願未酬，故園南望思悠悠。
寒花三徑猶存否？空對滄波萬里秋。

她的好詩率很高，比全唐詩裏許多詩人的作品好詩比例多。她的詩是真正詩人的詩，用詞遣句都雅，味長意遠，清麗脫俗，放在全唐詩中亦毫不遜色。惜不能一一例舉。

詞者詩之餘也，凡是詩人必能填詞，張雪茵詩好，詞亦佳。且舉數首：

夢江南（八首錄三）

江南好，簾幕護輕寒。銀杏欲花楊柳綠，小紅亭子碧闌干。春夢有無間。

江南月，清影淡簾鈎。爲恐西風吹斷夢，故牽衰柳綰離愁。人倚小紅樓。

江南劫，鼙鼓揭天來。亂踏征蹄聞野哭，荒村白骨委塵埃，廬舍盡成灰。

鷓鴣天

月滿城樓風滿溪，好扶鄉夢到橋西。蒼茫故里知何處？雁怯重雲未肯歸。

情脉脉，思依依，欲卜歸時未有期。嫦娥應解憐孤客，莫向天涯照別離。

臨江仙

天涯也有江南信，平疇芳草綿芊。幾行白鷺上青天。綠林山徑裏，白塔寺門前。

屋角短牆沿蔓刺，小池魚浪田田。半開半落野花妍。籬疏穿翠蝶，風淡繞孤煙。

菩薩蠻

煙籠遠樹愁如織，河山變色空陳跡。無語獨憑欄，落花風雨寒。

舊歡何處覓？芳草連天碧。海上片帆輕，難載許多情。

張雪茵的詩詞旗鼓相當，稱為雙絕，亦不為過。可惜現在會此道者不多，知音太少，所以她生前就有「高山流水幾知音？」之歎。這不僅是她個人的悲哀，也是中國文學的不幸。因此我想在寫完「全唐、宋詞尋幽探微」之後，要編選一本「當代作家詩詞選」，將當代備受冷落的好詩好詞，賦予應有的地位，使中國文學傳承不絕，我已經收集了好幾家的作品，希望詩詞作者賜寄作品、小傳，以便完成這個並不輕鬆的工作。

法國的唐詩熱

「五四」不僅是白話文學運動，也是文學西化運動。當時因為中國積弱太久，政治腐敗，一些激進的知識分子，急於要中國改頭換面，便以偏概全地全盤否定中國文化，中國文學自然遭了池魚之殃，連在中國文學史上佔有最輝煌的一頁的詩，也棄如敝屣，代之而興的是從西方移植過來的新詩。

西洋詩影響中國新詩最大的不是英國詩，英國的十四行在西洋詩中是最重格律的，但遠不如中國唐朝的近體詩，中國新詩人覺得英國的商籟還不夠新，法國象徵派詩便成為中國新詩人模仿的對象。波特萊爾(Charles Baudelaire 1821-1867)魏侖(Paul Verlaine 1844-1896)在中國新詩人中的地位亦遠超過中國詩人李白、杜甫、白居易……了。至於寒山子，那些中國新詩先驅，可能並不知道；唐朝象徵派大詩人李商隱，並沒有以象徵派自居，當時引介法國象徵派詩的李金髮，可能沒有讀過李義山幾首詩，讀了也不會懂，自然不知道李是中國象徵派的高手了。

真是六十年風水輪流轉，物質文明先驅，象徵派大本營的法國及其知識分子和一般老百姓，現在卻十分熱愛中國古典詩了。中國古典詩為什麼能吸引他們？因為他們喜歡中國古典詩的美、博、與哲學意義。

先是法國漢學家Paul Jacob翻譯出版了李白詩集，去年漢學家Patrick Carre又翻譯了「寒山詩集」、「王維詩集」、「鄭板橋詩集」。除鄭板橋是清人外，李白、王維、寒山子都是唐人。

唐詩共有四萬八千九百多首，詩人共達二千二百多位，重要的詩人不止李白、王維、寒山子三位，其他如杜甫、白居易、孟浩然、劉禹錫、元微之、李義山、杜荀鶴、杜牧、呂巖、劉長卿……都是唐朝詩人中的佼佼者，尤其是白居易，作品既多且好。李白有詩一千一百二十五首，杜甫有詩一千四百五十八首，一般人會以為他們兩人的作品最多，其實不然，他們兩人的作品加起來是兩千五百八十二首，而白居易一人就有兩千八百三十七首，比李杜兩人還多兩百五十四首。白居易個人的作品就佔了全唐詩近十七分之一，由此可見他在唐朝詩人中的地位。法國漢學家可能不完全瞭解這一事實，或是個人喜好的關係。因此我也只談談李白、王維、寒山子三位。

李白，人稱詩仙，隴西成紀人，涼武昭王九世孫，雖有山東人或蜀人之說，但從他「通蠻文」看來，是西涼人無疑。初隱岷山，大寶初至長安，見賀知章，賀見其文歎為謫仙。薦於唐明皇，明皇在金鑾殿召見，賜食，親為調羹，可見優遇。他詩才之高，無出其右。他在沉香亭當著明皇的面帶醉寫的三首清平調，不假思索，妙手天成，首首都是傑作。宮中行樂詞八首也是帶醉寫的，首首都好。後來他得罪了高力士、楊貴妃，便浪跡江湖，生活經驗更加豐富，視野胸襟更闊，寫了更多的好詩，且引幾首如下：

秋浦歌之一

白髮三千丈，緣愁似箇長。
不知明鏡裏，何處得秋霜？

贈汪倫

李白乘舟將欲行，忽聞岸上踏歌聲。
桃花潭水三千丈，不及汪倫送我情。

答湖州迦葉司馬問白何人

青蓮居士謫仙人，酒肆藏名三十春。
湖州司馬何須問？金粟如來是後身。

李白好道，他和莊周的思想比較接近，屬於道家的出世派，但不及於老子和易經，他並不瞭解道家思想的科學精神和統合作用。道家出世派思想和佛家思想有很多地方不謀而合，他和佛家的關係不如道家深。所以賀知章稱他為謫仙。如果他沒有幾分仙氣，就寫不出那麼空靈洒脫，渾然天成的好詩來。

王維是開元、天寶間的大詩人、書畫家。他有三百八十多首詩，歷任右拾遺、監察御史、中書舍人，給事中，尚書右丞。篤於奉佛，晚年長齋禪誦。得宋之問輞川別墅，山水絕勝，與道友裴迪浮舟往來，彈琴賦詩、嘯詠終日。在輞川寫的詩也好。蘇東坡說他詩中有畫，畫中有詩，一點不錯。由於他心在方外，所以他的詩少煙火味，往往意在言外。

引其五律兩首，以見一班：

終南別業

中歲頗好道，晚家南山陲。
興來每獨往，勝事空自知；
行到水窮處，坐看雲起時。
偶然值林叟，談笑無還期。

酬張少尉

晚年唯好靜，萬事不關心。
自顧無長策，空如返舊林。
松風吹解帶，山月照彈琴。
君問窮通理，漁歌入浦深。

寒山亦稱寒山子，身世不詳。居天臺唐興縣寒巖，時往還國淸寺，以樺皮為冠，布裘敝履，或長廊唱詠，或村墅歌嘯，人莫識之。嘗於竹木石壁書詩，共得三百十一首。法國漢學家Patrick Carre譯的是全集。其實他有詩六百首，可惜多散失了。

寒山的身世雖然不詳，但可以確定他是一位隱士，他非僧非道，亦僧亦道。如以「寒山子」名推斷，則是道家。以他的五律「莊子說送終，天地為棺槨。吾歸此有時，唯須一番箔。死將餧青蠅，弔不勞白鶴。餓著首陽山，生廉死亦樂。」看來顯然是莊周之流。另一首更有「喃喃讀黃老」之句，從這首詩中更可以確定他是道家的出世派：

欲得安身處，寒山可長保。
微風吹幽松，近聽聲愈好。
下有斑白人，喃喃讀黃老。
十年歸不得，忘卻來時道。

另外再引他兩首詩，更可以增進對他的瞭解。

人問寒山道，寒山路不通。
夏天冰未釋，日出霧朦朧。
似我何由屆？與君心不同。
君心若似我，還得到其中。

一向寒山坐，淹留三十年。
昨來訪親友，太半入黃泉。
漸減如殘燭，長流似逝川。
今朝對孤影，不覺淚雙懸。

他這詩是少有的似空而未空的詩，與李白、王維相較，他完全是個世外人。他住的寒山當然更沒有王維的輞川別墅那麼廣大舒適。

西方的物質文明，帶來了功利主義；功利主義又扭曲了人性。因此才有嬉皮的產生。存在主義解除不了西方人的精神壓力，找不到一條精神出路，西方人已經走進了死胡同。法國學者之所以看中李白、王維、寒山子這三位唐朝詩人，除了文學價值之外，大概和他們困於物質文明，精神沒有出路有關。中國固有的哲學思想、精神文明，對於西方人倒是一副清涼劑；而中國的古典詩，尤其是李白、王維、寒山子以及鄭板橋的古典詩，對西洋文學同樣有提升作用。

二三十年代我們引進了法國的波特萊爾和魏侖的象徵派詩，中國新詩人因而揚棄了我們的古典詩；今天的法國學者讀者卻肯定了中國古典詩的美、博與哲學意義，這倒值得我們的詩人作家深思。在文學方面我們實在不必捧著金飯盌討飯。

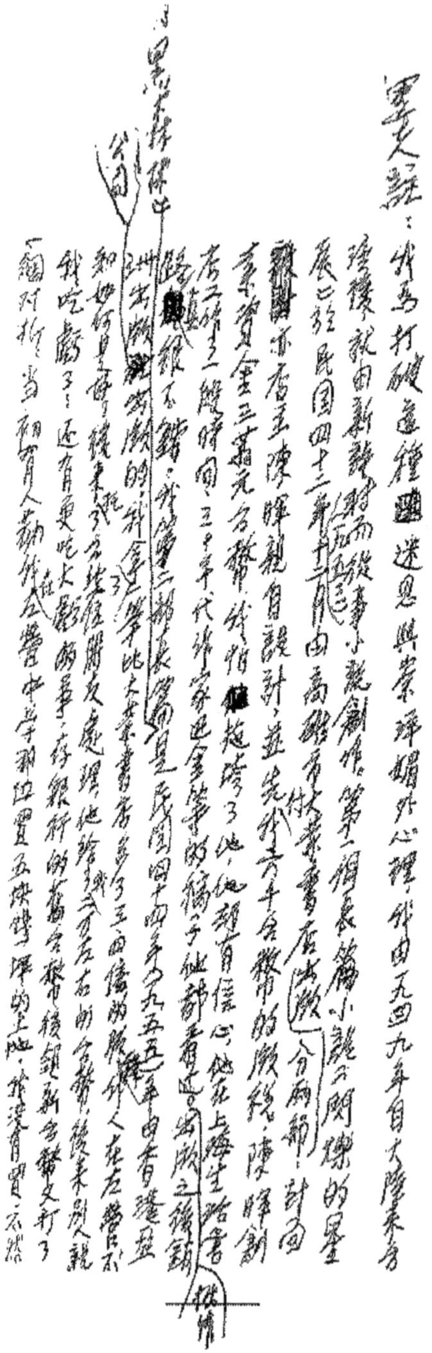

是。早年寫這篇文章，不敢說多，只寫三十年或五十年，那時我只七十五歲，還健康時論了一件事，那就是鐘老人的終身月旦偉因為我知道自己能活了二十三年，活到一百二十歲沒有問題，其他的不必談了。

二〇〇七年丁亥正月十五日元宵節於北投

先驅與後覺

「五四」新文學運動，不僅是白話文學運動，也是文學的西化運動。不過在小說方面除了將中國傳統的章回體改成西洋的一、二、三、四……之外，形式上的改變並不太大，語言方面也未太離譜。因為中國平話小說早已運用口頭語言，水滸傳、金瓶梅更是大量運用口語，到了紅樓夢，曹雪芹對口語的運用尤其妙到毫顛，遠過前賢。只是「五四」以來的新小說家雖採用西洋小說形式，但在語言運用方面，還沒有曹雪芹那種天才和功力。最差的是那種半生不熟，不中不西的語言。大體說來，現代小說的發展，還沒有太偏離軌道，太離譜的不多。

新詩不然。

新詩完全是從西方移植過來的，形式、語言和中國傳統詩完全不同，尤其是從法國移植過來的象徵派，更擴大了新詩與傳統詩的鴻溝，是文學上的變異，它一直無法與中國傳統詩結合、產生中國人完全認同的新詩，六七十年來，它還是維持那種特殊的面貌和西方的血緣關係，尤其是這三十多年來的臺灣詩壇，大多是走法國象徵派詩人波特萊爾(Charles Baudelaire, 1821-1867)、魏侖(Paul Verlaine, 1844-1896)的老路，雖然曾一度極力求新求變而走火入魔，但仍然沒有跳出象徵派的手掌心。

將法國象徵派移植到中國來的是李金髮。

李金髮到法國「勤工儉學」時，是一位沒有接受完整的中國教育的十九歲青年，中國文化、文學的修養顯然不足，法文更是一竅不通。李金髮在法國五年（其中一年在德除外），二十五歲回國，他從二十二歲到二十五歲三年間寫的詩，在國內出版了「微雨」、「為幸福而歌」、「食客與凶年」三本詩集，因此將法國的象徵派詩移植到中國來，成為中國象徵派的先驅者。

楊允達兄留法甚久，他以十年時間始完成「李金髮評傳」，對李金髮瞭解之深無出其右。他在第四章第二、三面有這樣兩段話：

「……嚴格地說，李金髮的法文程度，頂多只有法國初中畢業的程度，可閱讀法文書報，會說流利法語，但是不能寫出一篇毫無文法錯誤的文章。

「再探討李金髮的中文程度，他去法國的時候剛好是高中畢業，已無法再接受進一步的中文教育和訓練，因此，他在民國十一年至民國十三年所寫的三本詩集，也僅是一般高中畢業生的水準而已。」

李金髮以這樣的水準來寫法國象徵派詩，而成為中國象徵派先驅詩人，他的作品與中國傳統詩毫無血緣關係。他之被人推崇，是「標新」而非「創新」，（象徵派詩不是他創的，中國象徵詩的歷史更悠久。）青年人大多喜新厭舊，所以李金髮的法國象徵派的作品能在中國流行起來。

法國象徵派詩的特徵是神祕、隱示、頹廢、主觀和音樂性。李金髮的詩自然也具有這些特徵。但是中、法文字的差異太大，李金髮那時的中法文學水準都不高，所以他的詩多晦澀難懂，音樂性也不够。且以他的「不朽傑作，最具有象徵詩的代表性」的「有感」為例：

如殘葉濺
　血在我們的
　　腳上，

生命便是，
死神唇邊
的笑。

半死的月下
　載飲載歌，
　　裂喉的音
隨北風飄散。

吁：
撫慰你所愛的去。
閉你户牖
使其羞怯，
征塵蒙與
可愛之眼了。
此是生命
之羞怯
與憤怒嗎？
如殘葉濺
血在我們
腳上。

生命便是
死神唇邊
　的笑。

「有人說李氏的這首詩在形式上是模仿魏侖的『秋歌』(Chonson D' Autome)，以音樂的節奏和旋律來表現其幽玄的情調。」

其實，李金髮這首詩文言白話交錯，組合不佳，以詩的語言而論，也不夠純淨；以音樂的節奏、旋律來講，更缺少表現「幽玄的情調」的魅力。顯然，李金髮沒有接受過中國絕律詩的嚴格訓練，在詩的語言和節奏旋律的運用方面，患了先天不足症。

中國的詩經、楚辭，早就用了象徵手法，唐詩更有不少十分優美的象徵詩。且以李商隱的「錦瑟」為例：

錦瑟無端五十絃，
一絃一柱思華年。
莊生晚夢迷蝴蝶，

望帝春心託杜鵑；
滄海月明珠有淚，
藍田日暖玉生煙。
此情可待成追憶，
只是當時已惘然。

這首七律不但富有神祕、隱示的特性，而且充分以音樂的節奏、旋律表現了其「幽玄的情調」，而中間兩聯工穩的對仗，更表現了中國文字語言之美，因而也產生了豐富的意象和韻味無窮的意境，同時更表現了詩的朦朧美。不但李金髮的「有感」相去不可以道里計，即使今天的現代派詩人（應是象徵派直系），也難寫出李商隱這種詩來。而這首詩又只有八行五十六個字。柳宗元的五絕「江雪」，更少到只有四行二十個字，其意象之豐，更無倫比，這就是中國文字語言的特殊功能，現代詩人用白話寫詩，又未能充分發揮中國文字語言的特殊功能，因此有些詩像李金髮的作品一般晦澀，或有過之，變成「丈二和尚」。所以李金髮晚年很感慨地說：

「近代的詩很少讀，偶然在頗為流行的雜誌上，見一些短詩，輒不忍讀下去，因為又是丈二和尚也。……

「對於中年一代的詩人，和第三代詩人，很少聽人談起，亦未讀過他們的作品。自從三部詩集出版以後，很少作詩，因為找不出一條正確的道路，覺得有自欺欺人之嫌……

「我對新詩的前途頗為悲觀，亦不敢作任何期望。」

李金髮是第一代的新詩人，又是法國象徵派的移植者、先驅詩人。他經過了幾十年的沉思，始終「找不出一條正確的道路」，才說出這樣坦率而沉痛的話來。他倒是一位很有良心而不自欺欺人的詩人。

的確，新詩在創作的過程中遭遇了不少困難，也作了不少「嘗試」，到現在，還沒找到一條「正確道路」，難題還沒有解決，而最大的難題是怎樣將現代人的思想情感用最精確的語言文字恰當地表現出來，不能單憑「視覺」、或是「聽覺」、「嗅覺」、「觸覺」……表現出來，必須全盤整合，化為一體，才能產生完美無缺的作品，才能深入人心，任何片面的努力，都不是解決難題的好辦法。新詩是一個複雜而艱難的文學建設工程，原有雕樑畫棟的精緻建築既已砸爛、拋棄，新的中國建築恐怕還需要相當長的時間，更需要不少曠世天才共同努力，才能產生新的「唐詩」來。

李金髮寫詩的時間很短，文學成就也不高，但他是一位十分幸運的人，生時已夠幸運，死後又有楊允達兄為他出版評傳，更是大幸。

「李金髮評傳」是一本客觀、公正、有系統而又十分嚴謹的詩人評傳，具有學術價值，因此我對作者有很深的期望。

以我個人的淺見，「五四」以來終身從事文學創作，成就超過李金髮的詩人、作家很多，資料、作品的蒐集也比研究李金髮容易得多，不妨多寫些其他詩人、作家評傳，為近代中國文學史多留些具體見證。因為他不但具有史學修養，同時具有文學歷練而又冷靜客觀。

文學需要創作，也需要評估；需要先驅，也需要後覺。

虛心求知，默默耕耘

光復初期的台灣文壇是相當荒蕪的，三十八年（一九四九）政府遷台後才漸漸有點生氣，而一些來自大陸的先驅詩人則無異於台灣文壇的春雷，首先帶來春天的訊息。如果年輕的讀者能翻閱當時的報章、雜誌、書籍，就不難發現這一史實。

台灣最早的詩刊自然是自立晚報的「新詩周刊」，其後才有「現代」、「藍星」問世。可惜的是這兩個詩刊一開始就各立門戶，各自「招兵買馬」，形成「同仁詩刊」，甚至時有「跳槽」現象。當時的詩人除了極少數極少數能顧大體而超然物外者外，幾乎都捲入這一派系紛爭中，確實破壞了這以前的詩人兄弟般的情誼和詩壇的和諧氣氛。其實兩派在理論上都跳不出法國象徵派的手掌心，而引起派系紛爭的原因還是「領袖慾」作祟。以後詩壇不斷出現「同仁詩刊」，都是這一流風影響，而又各自劃個圈圈，甚至標新立異、譁眾取寵，這不但破壞了詩壇的和諧，也幾乎毀了詩的前途。

「領袖慾」是一切紛爭禍亂的根源。詩人、作家如果跳不出這一關，其人生境界就很有限。因為文學不同於政治，政治的時、空有限，所以政治人物著重現實，著重於眼前得失，有所謂「成則為王、敗則為寇」的歷史教訓。文學不同，文學沒有時空限制，真正好的文學作品會永遠存在，作者活的時候也許默默無聞，聲名不彰；也許窮愁潦倒，三餐不繼；而死後卻永垂不朽，世人皆知。如小說家曹雪芹、詩人寒山子、杜甫，生前都沒有當過什麼派的領袖，他們只是埋頭寫作，他們都為後世留下不朽的傑作，贏得舉世尊敬。今年法國漢學家Patrick Carre還翻譯出版了「寒山詩集」，和王維、鄭板橋的詩集。另一法國漢學家Paul Jacob已先翻譯出版了李白詩集。其中除鄭板橋是清人外，寒山、李白、王維都是唐朝人，距我們已經千年了。他們之所以被法國人看重，是因為他們的作品的美、博、與富有哲學意義，而不是因為他們的「社會地位」。

詩人、作家不宜太急功近利，過分重視現實利益，眼光應該看遠一點，虛心求知，腳踏實地寫作，去浮務本；能夠敞開胸襟，和光同塵（不是和稀泥，是非不分）更好。這樣不但有希望寫出更好的作品，也能創造更和諧的氣氛。

我與「秋水」

「秋水」十五周年慶祝酒會，到的詩友很多。秋水六十期，也以比較新的面貌呈現於大家的面前，所謂「新的面貌」，不是風格有什麼改變，而是封面、紙張、印刷，比以前好些。另外是加了一些「顧問」、「編輯」、「代表」，這也就是涂靜怡小姐所謂的「改組」，目的是希望「秋水」辦得更好。

古丁去世後，涂靜怡精神上受了很大的打擊，經濟方面支撐得也更苦，她不只一次向我表示精神、經濟兩方面都撐不下去，有些洩氣，但我只是在精神上鼓勵她撐下去，不提經濟支援的事，因為我知道她沒有這個意願。她是一位自尊心很強的人，我也不是錢多得沒有地方放的人。

別的詩友也知道她苦撐的情形，都願意替她分勞分憂，出錢出力，她終於接受了詩友的好意，她便要求我參加編輯行列，我自然義不容辭。

可是有些老朋友看到我居然當「秋水」的「編輯」，不免奇怪，覺得我是「自貶身價」，不知道「愛惜羽毛」。他們不知道我也是「出錢」的「編輯」。

我為什麼作這種「傻事」？多少有點原因。

先說我是怎麼認識涂靜怡的。

記不清楚是那一年，國防部請我擔任國軍文藝獎金評審，這也是唯一的一次請我當評審，偏偏又分配我評審長詩，在許多長詩中我認為「從苦難中成長」這首詩，充滿愛國赤誠和詩人的藝術良心、詩的成熟技巧，便給予最高分。我根本不知道作者是誰？在我頭腦裡從來沒有「涂靜怡」這個人（卷子也是密封的），後來評定名次時，「從苦難中成長」獲得金像獎，我才知道「涂靜怡」這個名字，仍然不知道她是何許人？因為我脫離詩壇已經很久，她也不知道我是評審，所以「謝師宴」她也沒有請我。後來她知道了，她便寄「秋水」詩刊給我，寫信向我約稿，我有很多年不看詩刊，更不給詩刊寫稿，看了「秋水」之後，我覺得詩壇還有一溪清流，流向也很正確，這是十分難得的事，也正是我要鼓勵的事。

由於我們兩人辦公的地點距離很近，她時常到中山堂來看我，古丁一到台北也和我見面，我們對寫詩、作人、作事的觀點十分接近，因此來往就更密切。他們要辦「中國風」雜誌時，更與我密切磋商，我也參與籌備工作，而且替「中國風」寫他們需要的義務稿。「中國風」在中山堂舉行創刊酒會時，地點也是我洽租的。但我沒有擔任「中國風」任何名義。我覺得以他們兩位的社會地位論，都微不足道，以經驗能力來講，更不夠格辦這份「振衰起蔽」、「暮鼓晨鐘」的雜誌，但他們有「捨我其誰？」的道德勇氣，因此我也盡其在我地支持「中國風」。

不幸，古丁在「中國風」出版兩期之後突然「車禍」去世。涂靜怡突然打電話告訴我這個噩耗時泣不成聲，也只有我陪她去林口長庚醫院看躺在地上的古丁遺體。涂靜怡一路哭著去，哭著來，在路上她看見坐在地上乞討的人還自然地投給他一些零錢。這樣一位尊師重道、充滿勇氣、感情和愛心的青年人，豈可多得？

古丁的追悼會也是我發起籌備的，每次開會都是在我的工作單位，但是一切籌備就緒後，主持追悼會的卻是別人，我始終在幕後，這點涂靜怡最清楚，上官予也知道一些。

台灣之有詩刊，是從紀弦和覃子豪開始的，覃子豪是我五十年前的同學，但我不參加他的「藍星」；紀弦是我在台灣最早交往的詩友，但我也不參加他的「現代」。我在左營廣播電台當副主管時，洛夫是我從陸戰隊連隊找去的編輯，他和張默、瘂弦辦「創世紀」，我也不參加「創世紀」。原因何在？非常簡單，我不願見詩壇各立門戶，製造分裂，甚至因為這種態度得罪了朋友，但我坦然處之，我無所求，更無領袖慾。只希望詩人就是詩人，不要羼了太多的雜質；中國新詩人走了不少冤枉路，能早日走上康莊大道最好。

「秋水」詩刊資格不老，遠在那些詩刊之後，論年齡、詩齡，它的創辦人都是我的晚輩，我寫詩的時候有兩位還沒有出生。新的編輯人也個個比我年輕，我為什麼也和他們一樣出錢當編輯？這的確是平生第一遭，是不是有點作踐自己？

我不是一位拜金主義者，但我寫稿是要稿費的。我四十歲和王平陵他們辦「創作」月刊時我雖是編委，但我拿最高的稿費，不義務寫稿。給《中國風》寫義務稿，給《秋水》貼錢當編輯，只是因為《秋水》的編者們都很純正，而且都比我年輕，作者也是志同道合的人，我替他們抬抬轎子，讓他們能走更長遠的路，讓中國新詩能開創另一個盛唐的局面，我個人的得失又算什麼？

老實說，由於對新詩的一些失望，我早已悄悄地回到傳統詩的路上去了。退休以後，我更寫了不少絕律詩，已經附錄在商務印書館出版的拙作「全唐詩尋幽探微」裡面，在那本書裡我也提供新詩朋友一些拙見，有沒有看到？接不接受？那就非我所能過問了。二〇〇〇年我還出版了一本三九九頁的《黑人詩詞詩話》銷路不錯。

我是一個愛抬轎的人，不是一個愛坐轎的人；也是一個寧願當安分守己的百姓，不想當皇上的人。中國的很多事壞就壞在大家都想當皇帝，不願當百姓，所以亂子愈出愈多。我在大長篇《紅塵》裡就揭發了這個病根。如以世俗的眼光來說，公務員我當到簡任一級再加三年年功俸的主管，而且是國家的正式命官，不是黑官，但我在機關裡從來不擺一點官僚架子，而且是堅決請求退休的，這也都有人可證，有案可稽的。

文學是精神活動，是千秋事業，是民族文化的花朵，不是政治，權位觀念何必太重？詩人更不應該太現實。陶淵明寧辭彭澤令，過著飢來驅我去的生活；寒山子更是終生巖居穴處，但他們都留下了不朽的詩篇。寒山子更對自己的作品充滿了信心。果如他所料，千年以後的法國漢學家Patrick Carre，已經翻譯出版了「寒山詩集」，大受法國人崇拜。寒山子有什麼權位？何嘗開會？何嘗當主席？何嘗奔走權貴之間？何嘗飛來飛去？那時更沒有「作秀」這個名詞。也許我的觀念真的落伍？但真理只有一個，我決不違背真理，寧可受眼前的冷落。熱鬧、不實的掌聲，對於我有害無益，能夠做一點點落實的事，反而心安理得。

老子說：生而不有，為而不恃，長而不宰。我師其意。何況一切榮華富貴都是過眼雲煙。世謂三不朽者，文學差可居其一。但那指的是作品（人品亦在其中）；立德、立功更與人品有關，其他不與焉。[redacted]

我是一個樂於與人為善，樂於抬轎的人，但也不是什麼人都抬，我自己渺如微塵，但作品、人品之外的事，我都不重視。講幾句不中聽的直話，或是拔「筆」相助的事倒是有的。這是傻瓜行徑，我自己比誰都清楚。所以我活到八十七歲，總是吃虧的時候多，佔便宜的事絕對沒有。我之作「秋水」的朋友，略盡棉薄，也是因為「秋水」裡有傻瓜。聰明人我都不敢領教。如果有人一旦得意忘形，我會悄然引退。這是我的處世哲學。不過「哲學」二詞，似乎陳義過高，但不能不引用。[redacted]

二〇〇七年丁亥五月十五日光實節

「白雪青山」三版自序

「白雪青山」於民國五十三年在中華日報連載，刊登完畢即由高雄市長城出版社於同年八月出版。民國六十一年七月，臺北中華書局出版我五大本「墨人自選集」，包括「白雪青山」、「靈姑」、「江水悠悠」、「鳳凰谷」四個長篇及「短篇小說、詩選」。中華書局很少出版文藝創作書籍，卻開風氣之先出版作家自選集，而且一次給我出了五大本，這真是該局的大手筆，後因人事更迭，出了四位作家自選集之後即不再出了。民國七十六年四月，我與中華書局解除合約，「白雪青山」便由大地出版社出版，是為第三版。

「白雪青山」在連載時及初版之後，識與不識的讀者在口頭上、文字上多有過獎，見之於文字的，商務印書館已收入「論墨人及其作品」下冊「論墨人的小說」第三單元中。在我已經出版的十六個長篇之中，我比較喜歡「白雪青山」，姚宜瑛女士對這本拙作也有同感。（[illegible]）「白雪青山」是以故鄉廬山作地理背景。廬山是中國名山，宋朝蘇東坡有一首寫廬山的七絕，是這樣描寫的：

橫看成嶺側成峰，
遠近高低各不同。
不識廬山真面目，
只緣身在此山中。

他弟弟蘇轍也有一首寫廬山古寺名剎「萬杉寺」的七律：

萬本青杉一寺栽，
滿堂金氣自天來。
涓涓石溜供廚汲，
矗矗山屏繞寺開；

半榻松陰秋殿冷，
一杯香飯午鐘催。
安眠飽食平生事，
不待山僧喚始回。

唐朝李白有一首寫廬山另一古寺名剎「秀峰寺」（亦名開先寺）後瀑布的七絕是這樣寫的：

日照香爐生紫煙，
遙看瀑布掛前川。
飛流直下三千尺，
疑是銀河落九天。

另外他還有一首五古長詩寫這個瀑布的，其中有兩句是：「掛流三百丈，噴壑數十里。」這都是寫實之作。

宋朝米芾有一首寫這個瀑布水下「龍潭」的五律如下：

度峽捫青玉，臨深坐綠苔。
水從雙劍下，山挾兩龍來；
春暖花驚雪，林空石迸雷。
塵纓聊此濯，去首卻重回。

而清朝曹樹龍有兩首寫廬山「姊妹峰」的七絕更妙：

翠黛雲鬟絶世容，
聯肩秀立兩芙蓉。
二喬都得英雄婿，
不信名山老住儂。

雲裏七賢偏冷峭，
天邊五老太龍鍾。
彭郎可嫁無媒說，

待宇年年姊妹峰。

歷代詩人寫故鄉廬山的詩，多得難以勝數，我只是隨便引用上面四位詩人的大作，以見一斑。他們雖有生花妙筆，其實並未誇張。如蘇東坡寫廬山全景的前兩句也是寫實，廬山的確是「橫看成嶺側成峰，遠近高低各不同。」後兩句寫的是廬山夏天多霧，變化莫測，突然雲自腳邊起，穿簾入戶，只聞人聲，不見人影，自己也不知身在何處？轉眼之間又雲消霧散，青山如洗。李白寫的瀑布「飛流直下三千尺，疑是銀河落九天。」以及「掛流三百丈，噴壑數十里。」也不誇張，遠在星子縣，就可以望見這個瀑布懸空而下。我環遊世界，也看過不少風景名勝，從來沒有見過這麼長的瀑布，也沒有見過北帶千里長江，南擁碧波萬頃的鄱陽湖的這樣名山，何況還有自大禹以降的許多古蹟？加上民國以來，牯嶺又是夏都。即使是五嶽，以及峨嵋、黃山，也沒有廬山這麼多的優異條件。

一般中外人士只是夏天去廬山歇伏，欣賞夏天的飛瀑流泉，雲霧縹緲，紅袖飄香……享受華氏七八十度左右的涼爽氣溫。而我卻在廬山整整住了三年，深深體會到廬山的四季之美，這是別人少有的經驗。尤其是秋天的深山紅葉，清風明月，冬天的大雪封山，「千山鳥飛絕，萬徑人蹤滅。」的空山寂寂，歷代詩人也沒有見過寫過，春天的鶯飛花放，新筍一夜暴長一尺，蛙鼓頻頻……千山響杜鵑，自然不在話下。我在「白雪青山」內都將這種境界和男女主角的感情融為一體，一道昇華了。

「白雪青山」的時代背景是抗日戰爭前夕，我把一位愛國抗日書生的高尚情操和淒美的愛情故事，安排在如詩如畫和中國傳統文化與西洋文化交會的廬山，是經過深思熟慮的。惟其如此，書中人物的思想境界才容易提升，感情節操才容易昇華，也惟有通過天下名山和中國固有的文化的整合，才能將文學技巧昇華為文學藝術。至於我有沒有達到這個創作目的？那便有待於讀者的賜教了。

墨人識於二〇〇五年此為白雲青山三版[illegible]已出[illegible]版。
於台北、北京

二、台北[illegible]讀者吳艳芳女士看了《白雲青山》後，從[illegible]去廬山觀遊五次，二〇〇六年還來[illegible]，她還是我的[illegible]之[illegible]的讀者，這是我沒想到的。
三、曾任經濟部次長的尹啟銘先生，接受民生報記者訪問時說，他從小就是青少年[illegible]副刊長大的，事隔三十多年他[illegible]播新[illegible]，我在電視上也看到[illegible]訪問時[illegible]過同樣的話，我[illegible]

[illegible]

輯四 ◎ 形象

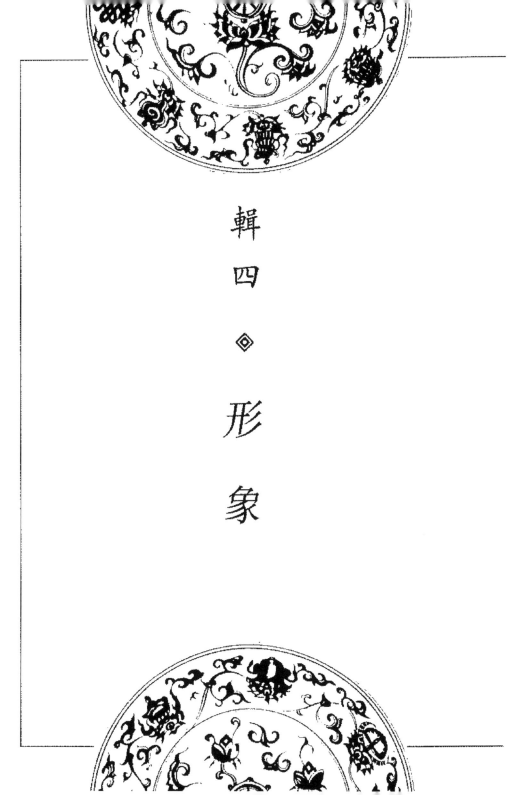

作家的幸與不幸

中韓作家會議一共舉行了五次，在漢城兩次，在台北三次。最近一次是十二月廿一日在圓山飯店舉行的。

從韓國作家的三篇論文中，我發現他們談的都是實際問題，討論主題「文學與工商社會關係」也是他們提出來的。從他們的論文中，我更感覺到，他們和我們一樣受到工商社會的巨大壓力。

工商社會的特色是「唯利是圖」，一切以賺錢為目的。文學作品也變成了他們賺錢的工具，他們要的是商品，不是真正的文學，但他們卻利用大眾傳播媒體，將商品製造成文學假象，矇混缺少欣賞鑑別力的青少年，而把他們口袋裡的錢轉移到自己的口袋來。

韓國的商品文學是性與暴力及英雄式的幻想，七十年代以後，描寫妓女、酒女的悲歡離合生活的小說受到大衆傳播的扶助，都成為暢銷書，有暢銷數十萬部的。但在台灣描寫暴力、性關係，以及錯亂的倫理關係的作品，還達不到這個數字，因為台灣的中國人讀書的興趣不高，他們寧可找更直接的刺激，電視、電影、酒家……更能滿足他們的要求。

由於出版商善於利用大衆傳播媒體和評論人製造文學假象推銷他們的商品，純正的韓國作家都有一種孤獨感，他們的生活也很不安定，但他們都沉默地從事創作，這是令人起敬的。他們是「現代不幸的人」（韓國筆會副會長成耆兆語），我們亦深有同感。但作家不是商人，作家之所以成為作家，就要有面對一切不幸的道德勇氣和自我肯定精神，不然和商人又有什麼分別？

在中外的作家當中，最具有這種道德勇氣和自我肯定精神的，我認為還是被蘇俄放逐的索忍尼辛。

索忍尼辛自一九四五年被捕下獄，監禁達八年之久，其間在亞伯利亞集中營服苦役三年，一九五三年史達林死後才被釋放，但並沒有恢復自由，又被放逐到中亞細亞，又是三年，直到一九五六年才被釋放。

索忍尼辛由於他的良知，用自己的生命作代價，在這種艱困的環境中秘密寫作。他為了怕作品被人發現而沒收、判罪，將自己所寫的散文和數千行詩都默記下來，把舊的草稿銷毀。後來他把新的草稿攝成微捲，藏進舊書的封面裡，寄給在美國的托爾斯泰的女兒。他這種堅強的意志，和創作良心，在那些為錢為名寫作的作者看來，簡直是傻瓜中的傻瓜！我有一位同學，是一位很優秀的短篇小說家，在三、四十年代間即露頭角，他的短篇小說水準在很多三十年代名家之上，他是留日的，可是大陸變色後他沒有出來，現在已經七十二歲，最近我得到他的消息，知道他這幾十年來一個字也不敢寫，我深為他惋惜，這也是我們中國人不如俄國人的地方。我們中國人大多聰明，但缺少西方人那種傻勁，甚至連韓國人的高麗棒子精神也沒有，要想有偉大的作品是不大容易的。

索忍尼辛是最不幸的作家，但是大不幸中的大幸者，諾貝爾獎金使他得見天日，但他仍然孤獨地創作，不願見人，更不願作秀。大作家之所以為大作家者在此！

推理小説

第七屆中韓作家會議八月一日在高雄市中信大飯店舉行，出席的有韓國作家十五人，中華民國作家約六十人。列席觀察的有日本、菲律賓、香港代表多人。會議進行順利。中韓兩國作家輪流召集此項會議歷時七年而不衰，實在不容易。而這次會議除了擴大範圍，邀請日、菲、香港、新加坡派代表觀察，還有一項重要提案，即成立亞洲作家聯盟，以擴大中韓作家會議功能，這是一個很好的構想。提案還附了「亞洲作家聯盟綱領」七條，第二條宗旨第四款為「切磋創作技巧，匡導文學潮流。」這是很富有建設性的條款，具有實質意義，如能順利推展，很可能影響亞洲文學前途。

在討論會開始之前，日本代表團長王良兄和我談起日本「推理」小說的盛行。他告訴我去年有一位日本推理小說家光是版稅收入就超過三百億日圓，讀者不妨以臺幣兌換日幣匯率計算一下，那真會令人吃驚咋舌。當時我對王良兄說，推理小說不是純正的文學，充其量只是「商業文學」，推理小說家和商人沒有多大的差別，推理小說盛行，作家孜孜為利，不是日本文學之福。他很同意我的看法，要我在討論會中發言，說明我的看法。

這次日本代表中有王良、劉興堯、溫禎祥、秦鳳棲、齊濤五位中國旅日作家；五位日本作家，他們是中島河太郎、山村正夫、內田康夫、石井龍生、井原（原名石井弘子）。他們全是推理小說作家。中島河太郎是前任推理小說會長。山村正夫是現任推理小說會長，石井龍生和石井弘子是夫婦作家，這兩位是四十九歲和四十七歲，日本發動侵華戰爭時他們還沒有出生，是戰後成長的日本新生代。

由於王良兄事先要我發言，我又深深感覺到日本的一舉一動都會影響此時此地的中國作家，有些作家看見日本作家天文數字的收入難免眼紅，這就是日本商業文學傳染臺灣文壇，造成文學不正常發展、甚至形成反淘汰的原因。

推理小說到底是什麼小說？根據日本推理小說家在會上的解釋是：推理小說就是

偵探小說。日本人很會杜撰名詞，如自我國傳去的少林拳，他們便名之為空手道，西方的偵探小說，他們便名之為「推理小說」。

我更感於這次中韓作家會議討論的主題是「抗日文學」，雙方六篇論文都是圍繞這個主題著筆。而日本自明治維新以後標旁「花以櫻花為美，人以武士為高」的軍國主義唯我獨尊的精神思想，蓄意侵略，而加諸中韓兩大民族的刻骨銘心的痛苦，以至第二次大戰日本無條件投降、自食其果，這一段時間，就日本人而言也是一大歷史教訓，而日本人卻不記取這個教訓，反而文過飾非，竄改教課書，將侵略中國改為「進出」中國，也不承認南京大屠殺三十多萬中國人這個血淋淋的事實。日本作家不面對歷史，不作省思，以之創作化解中日、中韓民族仇恨，溝通民族情感的有價值的文學作品，反而唯利是圖，一窩蜂地寫「推理（偵探）小說」。以日本人的民族性而言，難保軍國主義不再復活，難保歷史不再重演。我在『紅塵』中雖然將中日歷史文化淵源、日本明治維新以後反噬用奶水將日本養大的中國、侵略東北，發動蘆溝橋侵略戰爭，造成中國有史以來的空前浩劫的前因後果詳細而具體地刻畫出來，但我是中國人，又用中文寫作，今天的日本人未必能看到，也未必能懂？如果日本作家能忠實地創作，那不更好嗎？因此我依據「亞洲作家聯盟綱領」第二條第四款「切磋創作技巧，匡導文學潮流」發言。我為了避免刺激日本作家，純粹就文學創作觀點談文學對人類精神生活的提升作用，談文學價值判斷。我說作家不同於商人，文學不是商品，「推理小說」的文學品質、層次不高，充其量只是日本人自己說的「混紡」，不是純絲、純毛。如果日本作家一味醉心於「推理小說」，作這種風險最小，賺錢最多的生意，日本以後連川端康成那樣的作家也不可能產生了。

我沒有提索忍尼辛那位大義凜然，大氣磅礡的作家，我瞭解日本人的民族性，日本不可能產生那樣的大作家，不可與之言而與之言，那不是失言嗎？所以我不提他。

沒想到那位年輕自負的推理小說家石井龍生聽過翻譯之後立刻起立發言，他曾一再說明他們夫婦兩人是世界上唯一的一對夫婦推理小說作家，而以此自豪。也說推理小說在日本很流行，推理小說可以安慰讀者。日本純文學作品並不流行，純文學作家也不多，如果是談純文學，以後就要考慮邀請別的日本作家了，但他們不一定能來。

日本人的小器，量窄，立刻原形畢露。主席岳騫兄對日本人也十分瞭解，他也立刻解釋，我則一笑之。岳騫兄下臺後笑著對我說：

「日本人真小器！」

在會上我已經够客觀、冷靜、純粹是就文學談文學。如果是我和石井龍生那對推理小說作家夫婦私人交換文學意見，我真要教訓他這位後生幾句。他價値觀念如此模糊、文學是什麼他都弄不清楚，他那種「推理小說」寫得再多，日圓賺得再多，也永遠進不了文學殿堂。

鈔票不能代表文學，推理小說家不够格稱為真正的小說家，更不能稱為文學家。

國粹・國劇

我們老祖宗的智慧真高，創造的好東西太多，一個太極圖就涵蓋了宇宙的起源、形成、和發展的許多層次，千變萬化，生生不息，科學人文盡在其中。可是今天有幾人真正懂得？那些在大學裡傳道授業的人，不望文生義，牽強附會，能講出它的文化統合作用與功能的又有幾位？中國科學停滯了一兩千年，落到鴉片戰爭、英法聯軍、八國聯軍、日本侵略戰爭、大陸變色這種地步，就是因為我們將祖宗遺留給我們的大法寶丟了！

其他的小法寶、好東西也不少，也快丟光了。

以文學來講，如詩如詞，今天能寫能填像樣的詩詞的人已經很少了，青年人更不必提，如若不信，請看電視上那些歌星所唱的歌詞，有幾首是文字通順、合乎平仄，有一點詩詞意味的？因為歌詞作者文字都欠通，根本不會詩詞，他怎麼能寫出好的歌詞來？

國劇也是我們的國粹，是冶文學、戲劇、音樂、舞蹈、武術於一爐的綜合藝術，獨步世界，無出其右。

國劇是集中國戲劇的大成，它吸收了地方戲的精華，兩百年來的弘揚發展，在清朝末年和抗戰以前這個階段是它的鼎盛時期，演員人才輩出，劇藝精進。考其原因，以我的淺見，約有以下三點：

一、科班訓練的嚴格。國劇科班始自明朝，其名稱數量已難查考。清朝科班甚多，乾嘉年間著名的有慶昇平、慶和成、永吉、吉立等；咸同年間更有四大徽班——三慶、春臺、四喜、和春。而以成立於光緒三十年的富連成，造就人才最多。民國廿一年北平又成立戲劇學校，廿五年成立榮春社、鳴春社。這都是國劇演員的搖籃。

科班學生坐科時間七年，基本訓練非常嚴格，如耗腿、踢腿、搬腿、耗頂、扛腰、耗腰、虎跳……這都是武功的訓練，一般習武的人最重視腰腿功夫。我四十多歲習太極拳時就先從耗腿拔筋開始，兩腿都耗得發紫，因為不如此，腰腿怎麼會軟柔靈活，光學一個空架子有什麼用？國劇演員雖不一定能成為武術大師，但如幼工不紮實，青衣、花旦走起路來怎麼能風擺柳？武生怎麼會身手矯捷？落地無聲？我看過的武生戲當中以幼年看的漢戲「三岔口」最好，國劇中尚未再見。國劇中以「借東風」中的馬連良的臺風臺步最美，這都是科班千錘百鍊的效果。文戲的唱唸訓練亦不例外。

二、演員與文學家結合。從前國劇演員多不識字，全由老師口傳心授，循規蹈矩，一絲不苟，錯誤亦不自知，成名以後想要自成一家，必須要請教高明，接受指點，甚至特為編寫私房劇本，充分發揮其所長，如梅蘭芳之與齊如山是。這樣便提升了國劇的文學性與藝術價值，也提高了演員水準。

三、觀眾相輔相成。國劇不但是綜合藝術，也可以說是戲劇中的戲劇，絕非話劇、電影、電視劇可同日而語。國劇觀眾多自幼接受薰陶，不論名流學者或販夫走卒，欣賞水準均高，尤以北平觀眾為最，他們不說看戲而說聽戲，因為他們不必看，閉著眼睛聽，只要演員一開口就能聽出演員的火候，伍子胥可以混過昭關，演員卻很難混過觀眾這一關。觀眾的褒貶是最正確的價值判斷。馬連良唱「借東風」，觀眾如醉如癡，散場後還在電車上哼「習天書……」揣摩「觀看四方」的「看」字唱腔；梅蘭芳唱「四郎探母」，真的鴉雀無聲，坐在最後一排也聽得清清楚楚，叫好也是恰到好處才叫，叫的聲音大小長短，都若合符節，是行家的叫，不是雞貓子喊叫。這是我的親身經驗，高水準的演員，配上高水準的觀眾，相輔相成，相得益彰，國劇自然興旺。我來臺灣以後有好幾年不看國劇，真是「五岳歸來不看山」。

臺灣國劇能延續三十多年，完全得力於軍中支持，三軍劇校薪火相傳，但由於社會變遷太快，急功近利者多，無論教與學都不能與大陸時期的科班相比，無形中打了不少折扣。畢業以後又往電影電視圈中去作「打仔」，無異自暴自棄。即使有少數資質不差的人才，因為缺少主觀的進取精神和客觀條件的配合，也始終沒有長進，甚至愈唱愈糟，更別說自成一家了。鬚生前輩關文蔚女士曾和我談到某後輩鬚生，我對她說：某某身材、扮相、嗓子，都是上駟之材，妳應該教教他才是，她同意我的看法，但是她不肯教。因為她說那位後生自視聰明、條件好，不肯用功，歡喜現學現賣，難成大器。隨後我又看了他在電視上露了兩三次，也很失望。

要想作一個成功的國劇演員很不簡單。俗話說：「三年可以出個狀元，十年難出一個戲子。」這話一點不錯，我幼年學過少林拳，中年學過太極拳，我就深深感覺到學武比學文難。國劇演員不只要幼工紮實，而且長大後一天也不能停，停了三個月，身體就顯得僵硬，上臺即如同殭屍。即使是青衣、鬚生也不能偷懶不練。唱唸更無止境。馬連良人稱大舌頭，其實他很會唱，不但「借東風」唱得好（我看的借東風比唱片好得多），「審頭刺湯」的道白就無人能及，道出了學問。趙培鑫的「空城計」也唱出了學問，為科班出身者所不及。他票戲所花的時間金錢比科班中人多，豈能倖致？他在上海和馬連良同臺時還是學馬，來臺後才宗余。俗話說「拳不離手，曲不離口。」學拳學戲劇除了天分外，全在一個「勤」字。

作一個國劇演員，還要嗓音寬、亮、清、厚、甜、潤，才能成功。不但梅蘭芳、張君秋具備了這個條件，言慧珠、趙燕俠、……也具備了這個條件。言慧珠我看的很多，除了嗓子好之外，身材、扮相、臺風無一不佳，有她這樣條件的坤伶，臺灣最多只有一個。趙燕俠的「梵王宮」、「碧波仙子」、「盤夫」、「紅梅閣」、「孟姜女」唱片，百聽不厭，她咬字吐音最清晰，顫抖的媚音尤佳，令人迴腸盪氣，她雖是荀派，但已自成一家，唱的本錢絕不在梅派之下。

作一個好的國劇演員，必須重視四功五法，一點也不能草率，否則難以成器。而此時此地的國劇演員，不談先天條件，敬業的精神似嫌不足，因此更上層樓很難，自成一家的還沒有。

現在國劇日漸式微，這當然不能完全歸罪於國劇界本身，客觀的因素很多很大。不過國劇界的力挽狂瀾還是最重要的一著棋。如舊有劇本的修正，新劇本的創作，演員的自我提升，不斷精進，才是起死回生的仙丹妙藥。「迎合潮流」將國劇西化，以及自我標榜標新立異都不是正確的方向。國劇是我們的國粹，最富有藝術特性，不能亂改，瞎湊合，即使是機關佈景也大大地破壞了國劇抽象寫意的特性，因為國劇不是電影、電視，講求寫實逼真。國劇「三五人可作千軍萬馬，六七步能行四海五洲」，這是最經濟有效的表演藝術，不能再取法乎下。

說來說去，演員還是國劇的靈魂。如果今天臺灣有梅蘭芳、馬連良、張君秋、言慧珠、趙燕俠……那樣的好演員，國劇人口必然大增，排長龍買票的盛況必可重現。臺灣條件好的演員不是沒有，可惜琢磨功夫、進取精神不够，希望國劇從業員要有保存國粹、發揚國粹的使命感，不要妄自菲薄、自暴自棄，行行出狀元，洋人曾自動送博士學位給梅蘭芳，何必自己外求？安分守己，自我充實才最重要。

成功的背後

古今中外成功的人物，都很令人羨慕起敬，但大家看到的只是他們成功的事實，注意的也是他們的成果，往往忽略了他們成功的因素和背景，而這背景才是成功的關鍵。俗話說：「不會看的看熱鬧，會看的看門道。」要看一個、學一個成功的人物，不能只看熱鬧，應該看他成功的「門道」，否則會入寶山而空還。

中國歷史人物中，以軍人來說，馬援是一位成功的人物。馬援是東漢茂陵人，字文淵。事光武，佐帝破隗囂，又受命征先零羌，肅清隴右；平交趾，立銅柱表功而還，威震南疆，拜伏波將軍，封新息侯。六十二歲時，還自請平五溪蠻，不幸中疫卒於軍中。

馬援一生建功立業都在邊疆，隴右是今甘肅、新疆、青海等西北地區，羌是犯邊的異族，驍勇善戰，不易對付，他卻把羌人趕走了；交趾是今日的越南。多年前中共曾以大軍膺懲越共，無功而退；美國更投注數十萬兵力，耗費千億美元，結果失敗了，但是馬援卻平定了交趾，立銅柱紀功而還，這是一件很不簡單的事。五溪蠻是川湘黔三省交界地區的生苗，東漢時經常作亂，因屬崇山峻嶺地區，朝廷幾束手無策，而馬援以六十二歲高齡，自告奮勇，帥師出征瘴癘之地，卒中疫而死。馬援之所以能立大功，以身報國，是平日修養有素。他有幾句名言：「大丈夫為志，窮當益堅，老當益壯；男兒當死於邊野，馬革裹屍還葬。」這些話他都辦到了。不僅他自己身體力行，他對子侄的教育也十分嚴格，他在「誡兄子嚴敦書」開頭就說：「吾欲汝曹聞人過失，如聞父母之名，耳可得聞，口不可得言也。好議論人長短，妄是非正法，此吾所大惡也，寧死，不願子孫有此行也。」

由此可知，馬援是一位言行一致，言教身教並重的了不起的大將軍。

另一位了不起的讀書人，大家更是耳熟能詳，那就是三國時的諸葛亮。諸葛亮是瑯琊人，字孔明。本來他躬耕南陽，自得其樂。他不是書獃子，是一位精通天文、地理、軍事、政治、經濟、科技的道家人物，並不是普通的儒家書生。儒家士子多有忠君受國之心，少有撥亂反治之能；諸葛亮不然，他有經國濟世大才，卻淡於名利，不求聞達於諸侯，所以他隱居南陽自耕自食。

劉備知道諸葛亮是一位了不起的人物，而他自己又正在一籌莫展的時候，如沒有諸葛亮幫助他，在魏吳兩大之間他便難以立足，更別說匡復漢室了。因此他便去南陽拜訪諸葛亮，請他出山鼎力相助，諸葛亮不為所動，劉備第二次去請他，他還是不答應。但是劉備不死心，第三次去求他。劉備謙恭下士，態度誠懇，諸葛亮被劉備的真情盛意感動，這才答應出山。知其不可為而為之，這完全是出於情感道義。

諸葛亮出山之後，全心全力策畫，協助劉備匡復漢室，敗曹操、收荊州，定益州、漢中地，建蜀國於四川成都，與魏吳成鼎足而立之勢，所以稱為三國。劉備死時，又託孤於諸葛亮，因為劉備知道自己的兒子阿斗不成材，所以他對諸葛亮說了這樣的話：

「可輔則輔之，不可輔則取而代之。」

但諸葛亮是一位重情感道義的人，自己並無政治野心。因此他全力輔助阿斗，東和孫權，南平孟獲；復屢出兵攻魏，志在恢復中原，重興漢室。但他食少事繁，積勞成疾，卒於北伐軍中，時年五十四歲。真是鞠躬盡瘁，死而後已。

諸葛亮不但有撥亂反治，化劣勢為優勢，經國濟世的大才，而更難得的是他重情感道義，重政治操守、政治道德，他是中國歷史上少有的人物。

諸葛亮之所以為諸葛亮，我們可以從他的「誡子書」中得知一二。他的「誡子書」開頭就說：

「夫君子之行，靜以修身，儉以養德；非澹泊無以明志，非寧靜無以致遠。夫學欲靜也，才欲學也；非學無以廣才，非靜無以成學。」

他這封信也說明了他的品德和學問是怎樣培養起來的。他非常重視修身，「寧靜致遠，澹泊明志」也就成為他的名言，也應該作為每一個人的座右銘。

以上是兩位中國古人，一武一文，都是中國人的典範。

下面我再談談兩位現代人，都是諾貝爾獎得主。一位是中國人李遠哲，一位是俄國人索忍尼辛。

李遠哲是臺灣新竹人，父親是畫家，母親是幼稚園老師。他小學、中學、大學，乃至碩士學位都是在臺灣取得的，成績一直很好。一九六二年獲得加州大學柏克萊分校獎學金，深造三年，取得博士學位後繼續作了一年半的研究工作。一九六七年以博士後研究員身分追隨赫希巴哈教授，赫希巴哈教授運用「交錯分子束」技術，研究化學反應的分子變化，讓各自含有一種分子的兩道分子束在真空以音速直角相交，其撞擊後所產生的化學反應可以精確追蹤。一九六七年底，李遠哲設計製造「萬能交錯分子束裝置」，並加以運用。他在這方面的研究很成功，於一九八六年與赫希巴哈教授及多倫多大學教授波蘭尼三人共同獲得諾貝爾化學獎。

李遠哲在臺灣大學唸書時的導師鄭華生認為他是一位「能獨立進行研究的學生」，赫希巴哈說他是「物理化學的莫札特」。他自己對得獎的看法則是：

「諾貝爾對我個人並不重要，我覺得最大的意義是：只要肯努力、下苦功，中國人還是很行的。我是個平凡人，希望大家不要因為我得獎便把我想成一個非凡的人。」

我得獎如果能對年輕學生產生鼓勵作用，提高他們研究基礎科學的興趣，這將是最大的收穫。不過，我希望學生不要追求我所獲得的榮譽，而應注意我這二三十年來專心投入研究的精神。」

李遠哲這段話實在比他得諾貝爾獎更有意義，更有價值。

中國科學家得諾貝爾獎的早有李政道、楊振寧，他們都是腳踏實地做研究工作的人，這是他們成功的真正原因。

得諾貝爾文學獎的俄國作家索忍尼辛曾於民國七十一年十月來過臺灣，並在臺北中山堂公開講演，引起很大的回響。

索忍尼辛於一九一八年十一月十二日生於高加索溫泉區基斯洛佛斯克一個蘇俄舊知識分子的家庭。他學的是數學，不是文學。

一九四一年應徵入伍，一九四五年任蘇俄紅軍砲兵連長，在德國前線作戰，曾因傷兩度獲授勳章。是年二月因在私函中批評史達林，在前線被捕，未經審判即判刑八年，在集中營接受勞改，一九五六年始完全恢復自由及名譽。

一九六二年在「新世界」雜誌發表「伊凡．丹尼索維奇生命中的一天」，被譽為「杜斯妥也夫斯基的再生」、「蘇維埃文學自由化的旗手」。此後又連續創作了「克雷基多夫卡車站」、「馬多留納之家」等。

以後將近十年之間，他在俄共壓力之下，完成了「癌症病房」、「紅獄中」等[illegible][illegible]著作。

一九六七年五月他寫信給「蘇俄作家協會」，痛斥作品檢查制。九月又寫信控訴「癌症病房」被禁止出版。一九六九年十一月被「蘇俄作家協會」開除會籍，同時也完成了長篇鉅著「古拉格群島」。

一九七〇年十月八日瑞典文學院為支援被開除會籍的索忍尼辛，決定授予他諾貝爾文學獎。推薦他的文學評審們說：

「要使索忍尼辛的文學繼續存在，也許並不需要諾貝爾文學獎，但為了諾貝爾文學獎的權威，需要索忍尼辛的文學。」

這是對他的最大讚譽。

一九七四年索忍尼辛被放逐出國，現定居美國。

索忍尼辛是一位大氣磅礡，不畏強暴，勇敢直言的作家，他抨擊蘇俄暴政，也抨擊西方國家的軟弱，認識不清。他在臺北中山堂講演「給自由中國」，也給予我們不少鼓勵與忠告。我聽完他的講演之後曾寫了一篇「作家典型」在中央日報發表，開頭就這樣寫：

「自有諾貝爾獎金以來，榮獲諾貝爾獎金的作家，沒有那一位有索忍尼辛這樣大的衝擊力量，對人類社會造成這麼大的震撼。」

在結尾時我又說了這些話：

「我們慶幸他有此幸運，更尊敬他是一位有膽有識、有責任心、使命感、正義感、嚴肅而不浪漫、平實而不虛誇、理智而不衝動、才華內斂、大氣磅礡、是是非非、愛恨分明、絕不首鼠兩端的作家……」

任何一個人的成功都不簡單，我們不僅要看看其人成功的事實，更應該了解他成功的因素、背景。麵包不會從天上掉下來，它是淚水和血汗的成果。

中國人形象

物有物象，林有林象，人更有人象。

中國有一種專門學問，稱為人相（象）學，可以從人的五官相貌、聲音、言語、動作，判斷人的吉、凶、禍、福、窮、通、壽、夭，人相學和命學同樣受中國人重視，但人相學不如命學精微、深奧，因為人相學是生理學和統計學的綜合學問，它所依據的是形相（象），包括聲音、語言、動作，都是外在的，形之於外而後判斷；而命學是依據五行的生、剋、制、化，刑、沖、合、害以及神煞的配合來判斷吉、凶、禍、福、窮、通、壽、夭，是先天的、內在的，不必看人即可判斷，而且準確性高，更能把握時效，是一門形而上的學問。

我們中國人對於一位大富大貴或事業很有成就的人往往說他命好，或是相好。

長相的好壞，給別人的第一印象十分重要。有人常說一見了某人就討厭，一見了某人就喜歡，這都是第一印象的關係。所以個人的形象十分重要，一個民族、一個國家人民的形象，自然更加重要。

以往我們中國人的形象被外國人扭曲得十分厲害，是中國人所有缺點的綜合，可以說是集醜陋的中國人的大成，那是十九世紀帝國主義的傑作。那種彎腰駝背，拖著一條辮子，戴著瓜皮帽，蓄著八字鬍，拄著拐棍，伴著痰盂、抽著旱煙的中國人形象，已經代表了我們一百多年。今天我們所有的中國同胞，早以事實粉碎了外國人給我們塑造的那個醜陋的形象。

但是什麼是中國人的形象呢？我們自己並沒有塑造出來，我們的漫畫家把握不住自己同胞的特質和精神狀態。這必須對自己的民族文化、民族性，和現代中國人的思想行為有深入的瞭解才能造形、定型，光會畫幾筆是不够的。

美國政治漫畫家勞瑞是譽滿世界的人物漫畫家，他筆下的人物很有深度，非泛泛者可比，這是公認的事實。他居然推出了中國人的形象「李表哥」。

但是「李表哥」一推出來卻引起很多爭議，見仁見智，莫衷一是。最近由中華民國民意測驗協會所作的一項調查結果顯示：非常喜歡「李表哥」的佔百分之十七．三，還算喜歡的佔百分之三八．四，不喜歡的佔百分之三〇．二，非常不喜歡的佔百分之三．二，普通的佔百分之十一。但是這裡面有兩項因素特別重要，不可忽視。一是喜歡「有中國人的味道」者只佔百分之二三．三，認為「不能代表中國人者卻佔百分之三七．三。就是說「李表哥」的負面比正面大，他不能「代表」中國人，其他的喜不喜歡都是次要的。

還有一點值得注意的是，民意測驗協會的調查對象只是大台北地區居民，而沒有說明是那一階層的居民。如果以國術團體的武師為調查對象，那喜歡的人可能更多，因為「李表哥」有「中國功夫」架勢；如果以大學中文系的教授作調查對象，那不喜歡的一定更多，因為「李表哥」缺少中國文化氣質和精神，可以說很少有代表性。也就是「不能代表中國人」。

但是我們並不懷疑勞瑞的善意，他完全沒有醜化中國人的惡意，只是他對中國文化精神瞭解不够，他只是想表現現代中國人的「進取精神」，和「朝氣、活力」，這是受我們經濟發展，亞洲四條龍之一的經濟活力影響，文化層面則少觸及。

在台灣的中國人的進取、有活力的一面，勞瑞把握住了，中國文化根基、中國知識分子沉潛的一面，他沒有把握住，因此他看到的中國人只是一個浮面，稍嫌淺薄。

真正中國人的形象，應該是自信而謙沖，內斂而不外爍，穩健而不虛浮，還帶有幾分瀟灑儒雅。即以武人為模特兒，也非李小龍型，應有幾分「真人不露相」的深沉。當然，今天的中國人已漸漸失去那種涵養，多少有些「美化」，因此勞瑞筆下的中國人，是目前中國人的一個「假象」，不能算是真正的中國人，因為「李表哥」和中國歷史文化有些脫節。但他的善意是無可懷疑的。

我們自己的漫畫家呢？為什麼不能塑造出更具有代表性的中國人來？是不是受外來的和尚會唸經的影響？

輯五 ◈ 公論

墨人的文學世界

◉張放

住在台北的人，思想是浮動的，感情是冷漠而粗糙的，若想潛下心來寫出「紅樓夢」那樣的偉大作品，猶如大沙漠中尋找一塊綠洲一樣艱難。作家墨人先生在十三年前寫的「台北的黃昏」詩稿，很能傳達出這座都市的風貌：

「車如甲蟲人如蟻；
人蟻從那灰色的鋼筋水泥的火柴盒中傾巢而出，
又一波一波地鑽進甲蟲的大肚皮，
甲蟲又一個頂著一個從斑馬身上緩緩爬過。」

珍惜光陰充實創作

即使生活在八十年代末期繁花似錦、車水馬龍的台北，墨人先生依舊蟄居在北投大屯山麓一棟公寓內，潛心從事文學創作。他的生活機械呆板，天色將曙，他腳穿膠鞋、手執竹杖，身披夾克，站在山嶺向那晨光洒射下閃耀昏弱燈火的城市瞥了兩眼，便沿著崎嶇彎曲的山徑下山。墨人除了參加文藝性會議或是朋友聚會，他是終日在家看書、寫作的。這是他退休後的生活近況。

墨人先生身材魁偉，稱得上是英俊瀟洒的人，三十多年的交往，我從來沒發現他有一點兒羅曼蒂克的氣息。有一年同遊東京，路過一家脫衣舞場。我笑問他：「咱們進去開開眼界怎麼樣？」他笑道：「這有啥看的，還是逛書店去吧。」墨人決不是假道學，也非矯情，因為他總是抓住每一分秒的光陰，觀察研究外界的事物，以充實他的文學創作；所有的遊戲性的娛樂，在墨人的眼光中都屬於浪費時間，他是不屑一顧的。

為人處事樸實無華

墨人先生是一位樸實無華的人，做人、寫作、起居生活，都具體地流露出這種純樸的風格。有一年，我去大直他家作客，午餐有一盤辣椒炒豆腐渣，讓我終生難忘。他看到儀隊甩槍表演笑道：「這種花拳繡腿的玩意兒，招待外賓參觀可以，但是不能上戰場，那得刺刀見紅才行。」墨人非常討厭那少數在街頭賣狗皮膏藥的作家，他認為那會浪費光陰，很難寫作出優美真摯的藝術作品。為了寫作，墨人有一段時期隱居起來，不開會、不外出講演，甚至也不參加團體活動。他決非驕傲或是不關心外界的事，相反地，墨人對於家事、國事和天下事，事事關心。別看他外表那麼溫和，好像他對外界都同樣可親，其實不然，墨人是「外圓內方」的人，他對是非美醜是「小蔥拌豆腐——一清二白」。據我所知，目前他每天看的報紙只有四種：英文的「中國郵報」，華文的「新生報」、「經濟日報」，偶爾看看「青年日報」，其他報紙他是從來不看的。在墨人的觀點，他認為多看報「浪費時間」。

先寫詩後寫小說

覃子豪生前評論墨人的詩是「春雷」和「旋風」。覃子豪說：「他有追求真理的熱情，與嫉惡如仇的憎根。他的詩是一條心靈的鞭子，不斷地在鞭擊卑鄙虛偽；他的詩是飛馳的箭，不斷地向著人類的仇敵發射。」如果詩人墨人沒有熾熱的感情，他是寫不出「自由的火燄」、「哀祖國」、「山之禮讚」等大氣磅礴的詩篇的。

墨人先生開始創作小說，始於民國四十一年秋。他住在左營自治新村。左營到了五月，驕陽似火，他的眷舍狹小，他幾乎終日埋首電台辦公室工作。墨人寫小說不僅為了稿酬，養家餬口（因詩的收入極微），更重要的是他藉此發抒自己豐富的、多采的見聞。墨人在抗戰初期從軍，走遍了千山萬水，嘗盡了苦辣酸甜，社會上的各行各業人物，他比沈從文要接觸得廣泛而眾多，這是墨人取之不盡的小說創作材料。

小說充滿鄉土語言

墨人的小說語言，充滿濃重的鄉土色彩，設若作者沒有親身體驗過是難以寫出來的。特擇錄幾句引證之：

「小風騷，都是你屁股頭掛紙錢，招神惹鬼！」

「駝子鬼，你別在粉壁牆上糊牛屎！黃鼠狼拖雞，關你姑奶奶什麼事？」

「要不是你勾了鬼子的魂兒，他們不早就王八搬家，滾的滾，爬的爬。」

墨人可能受到我國古典文學的深重影響，他的小說寫景致、寫人物，甚至情節佈局，氣氛渲染，都帶有濃厚的民族特色，如：

「我循著文殊台的小徑，來到捨身崖，空山幽徑，闃無一人，只有秋風搖著樹枝，吹得落葉飄飄，吹得我衣袂飄飄。」

從墨人小說字裡行間，顯現出「紅樓夢」的風貌。墨人寫作「魔障」長篇小說，我亦在左營，「魔障」的男主角胡野禪、女主角張嫱兩人，我都熟悉，一位是絕頂智慧而風流成性的男人，一個是才貌出衆，驕傲得宛如展翅的孔雀的女作家。這一對男女一拍即合，演出一場荒誕的愛情鬧劇。墨人這部寫實的作品，把這兩個活躍在五十年代台灣文化界的人物，描寫得栩栩如生，讓人有呼之欲出的感覺，我認為這是一部成功的作品。

墨人係全能作家

墨人不僅是一位全能作家（寫詩、散文、小說及文學評論），同時也是一位多產作家。民國五十五年五月，他應邀赴菲講學。他講授新詩及「紅樓夢」創作技巧，歸國以後，墨人把他講授的講義加以整理，編成一部「紅樓夢的寫作技巧」，全書十五萬字，已由台北商務印書館出版。「紅樓夢」第八十二回，賈寶玉說過這樣的話：

「還提什麼念書？我最討厭這些道學話。更可笑的是八股文章，拿他誆功名，混飯吃，也罷了，還要說代聖賢立言，好些的不過拿些經書，湊搭湊搭罷了；更有一種可笑的，肚裡原沒有什麼，東扯西扯，弄的牛鬼蛇神，還自以為博奧。這那裡是闡發聖賢的道理。……」

對「紅樓夢」研究精闢

墨人曾精讀過易經，對於「紅樓夢」作過精闢的研究報告。曹雪芹的這段話，具體地表現出他對科學制度的強烈不滿。但是，從賈寶玉、范進士到今天，千千萬萬知識分子，何嘗擺脫了拿八股文章誆功名、混飯吃的傳統道路？別說是一般知識分子，即使有些資深作家，有的還拋不掉升官發財的迷夢，這些人像夕陽下的陀螺，正在沙灘上旋轉；但是，任何人都知道它轉不多久便會歪倒在沙灘上，晚潮湧來，它不久便會被浩瀚的大海吞噬了。

潛心創作歷半世紀

墨人是一位智者。他五十年如一日，潛心文學創作，別無其他願望，這是可貴的執著精神。目前，墨人的一百多萬字的長篇小說「紅塵」正在台灣新生報副刊連載，這是墨人最具代表性的巨著，這也是我國八十年代文學里程上的豐收。

原載七十八年四月號「源流」雜誌

墨人的詩世界

◉莫渝

四十餘年的辛勤創作，作品涉及詩、散文、文學理論、短篇小說、中長篇小說，已是著作等身的墨人先生，他所構築的文學殿堂，宏偉、壯觀、肅穆，是值得我們參拜、禮讚的。

本文僅就他在詩領域的成果，做通盤性的推介。

截至目前，墨人的小說創作力旺盛如昔，已出版的四冊詩集，先簡述於下：

一、自由的火燄——民國三十九年十一月出版，作者自印。收錄詩作八六首，大部份寫作於民國卅一、卅二、卅三年間，正值抗日戰爭，因而作品表現出一位中國青年憤怒的抗暴精神，流露出國家民族受侵略的苦難圖。集內不少作品，應該列入抗戰文學的名作，如「遙寄」、「苦難的行列」、「父親」、「受難的女神」、「火把」、「夜行者」……等。「遙寄」一詩長達一九三行，是篇戰爭中懷想友人的敘事詩。

二、哀祖國——民國四十一年詩人節出版，大業書店發行（另有大江出版社印行的封面），收錄四十九首詩，其中七首轉錄前一冊詩集。為民國三十九、四十年間，作者抵達臺灣南部後的作品。分上下二集，上集三十五首大都是個人抒情詩，延續前一冊詩集內部分作品的風格。下集新收七首連同舊作合計十四首，仍帶著昂揚高歌的戰鬥進行曲調。

三、墨人自選集——民國六十一年，中華書局推出「墨人自選集」五大冊，包括長篇小說四冊，及「短篇小說、詩選」一冊。詩集分作上下二輯，上輯為島上時期作品，下輯為大陸時期作品，合計一〇六首，實際上，僅三七首係未曾集錄進前二冊詩集。風格上，依然承襲「哀祖國」上集的抒情。另外，從詩末日期看，民國五十二年，墨人就完全停止詩創作，全力從事小說的撰述。

四、山之禮讚——民國六十九年四月，秋水詩刊社出版，收錄六十四—六十九年闢四十四首作品，並附十首絕律詩。出版後，佳評如雲，謂為先生創作的里程碑，為詩壇注入了新的生命和希望，是供人時時領會的智慧寶藏。

以上簡述墨人先生的詩作，總計約二〇九首，就數量言，跟他的小說相較，是微薄些，但詩的生命依然維持獨立、完整。

接著，筆者想探討墨人先生的詩觀、詩創作的精神內涵及技巧。

墨人寫過詩觀，其撰述方式，跟同時代的詩人沒有兩樣，逐條詩話式簡潔有力的論點，可以見之於戴望舒的「詩論零札」、李莎的「詩人與詩」，稍後，瘂弦「詩人手札」，張默「詩的隨想」，杜國清「寫詩的樂趣」等，都具異曲同工之效。墨人的詩觀以「詩人與詩」為題，撰述過兩次。第一次見於「自由的火燄」，有廿則，第二次見於「哀祖國」，計卅則，為第一次的刪減增修，對詩的創作，墨人強調「靈感」以及靈感之後的長久思慮，這點，可以從他創作生涯的三個高潮期看出：民國三十一、三十二、三十三年，民國三十九、四十年，和民國六十八年。另外，他強調詩人要走出象牙塔，「必須作群眾底歌手，深入群眾底核心，因為詩人不是為自己而生活，詩人是為群眾而生活，群眾底悲哀即是詩人的悲哀，群眾底歡樂，即是詩人底歡樂。」這則詩觀，應是抗戰時期新詩普遍的特色：明朗、寫實、口語、通俗，表現社會中下階層，宜於街頭朗誦。這樣的看法，詩人的作品也顯然合乎這些條件。

此外，當時，似乎俄國寫實詩人尼克拉索夫（1821—1878）的作品，給了他深遠的影響。尼克拉索夫是十九世紀後半葉俄國寫實詩人的代表，著名作品長篇敘事詩「在俄羅斯誰能快樂自由？」、「嚴寒，通紅的鼻子」，都有數家中譯本。墨人在「自由的火焰」詩集九〇頁「沒有褲子穿的女人」一詩，引錄尼作，一四三頁他提到尼，甚至詩論「詩人與詩」第十七則：「一首好詩可以永遠使人徘徊低唸：「嚴寒，通紅的鼻子」，雖百讀亦不厭。」這麼偏愛一位愛國詩人，想必應該受到影響。

從他個人對詩的體認，以及可能接受尼克拉索夫詩觀詩作的薰陶，其處女詩集「自由的火焰」八十六首詩，我們可以分為時代的記錄和人物的描寫二類來討論。

屬於時代的記錄以，第一、第二、五輯為主，依時序，第二輯記錄抗戰期間的奮鬥，是全集的佳作；第五輯為勝利初期的興悅與失望。

第一輯為島上初期的憤慨、激勵。這些時代的記錄詩篇，有的慷慨激昂，有的義正嚴辭，有的咬牙切齒，有的捶手跺腳，氣憤填膺，氣勢上予人以雄渾豪邁之感。茲引「火把」一詩的二段：

現在
夜正黑
路正長
而我們底火把燃燒得更亮
我們底歌聲更加激昂
我們底胸脯挺得很高
我們底步子在擦擦地響——

有人說——
前面有人倒下了

他要我們暫時停停步
而我們還是「馬不停蹄」地前進
我們底胸脯挺得更高
我們底歌聲更加激昂
我們底火把呵
燃燒得更亮

雖然語詞有所重複，但腔調雄壯，顯出豪氣干雲的戰鬥氣氛。另外，「苦難的行列」一詩語詞短促，卻給人低沈的壓迫感：

苦難的行列
六月底火燄
燃燒著
田野

燃燒著山崗
燃燒著
大路呵
燃燒著
大路上的
苦難的行列……
土車
啣接著
土車
腳步

追逐著
腳步

汗珠
貫串著
汗珠

淚眼
相對著
淚眼

太息
應和著

太息
咀咒呵
震撼著
大地

苦難者呵
中華民族底堅貞呵

三一、七、贛州

在人物的描寫方面，可以看出作者具有濃烈的同情心，這份情懷源自詩人天生的善良與悲憫，也帶有尼克拉索夫給予的啟示。尼克拉索夫詩中的角色，常常都是俄國的普通人、農民，以及下層社會的人。墨人所描寫的也是這類人物，如「老船夫」、「盲歌者」、「襤褸的孩子」、「沒有褲子穿的女人」、「神女」等，都可說是同情心的具體表現。其中「襤褸的孩子」一詩九段五〇行，茲引錄前後五段以為見證：

襤褸的孩子

我應該怎樣用我這支發霉的筆
將你呈現在千萬人的眼前呢
我可憐的襤褸的孩子呀
在這貧瘠的土地上
襤褸的孩子
彷彿垃圾堆中的狗
是那樣地狼狽而又那樣地眾多
但是，你——可憐的孩子呵
你又是襤褸的行列裏
最襤褸的一個
…………
好久了

你這一套破爛得很不合身的衣褲
一直沒有脫下洗過
紳士們掩著鼻子說你太髒
而幸福的孩子們又笑你
「不要臉的猴子
屁股都露在外面呀！」
唉唉！可憐的孩子呵
什麼時候你才能吃得飽
穿得好呢

三三、九、崇義

這樣的孩子，是我們的同胞，目睹如此襤褸樣，誰能不黯然神傷呢？詩人在其詩觀「詩人與詩」第一則強調「詩人是苦難底象徵」，即建立在他「民胞物與」的關懷之上，詩人是時代苦徵和個人苦難的見證人、記錄者，可以從墨人詩篇找到明確的例子。

除了記錄時代和描寫人物外，在「自由的火燄」詩集內，還有純粹個人的抒情詩——甜美、短小，是大時代的小調，小夜曲的形式，迥異前面兩種進行曲或大合唱。試看同時期的另一種風格：

春耕

昨天，我從田塍上走過
田畝還是飢渴的
今天，已經膨脹了肚皮

剛才，我從郊外回來
我親眼看到
老農扶著鋤柄笑歪了嘴
年輕的小伙子

腳後跟飛濺著泥漿……

多情的春雨呵
給田畝帶來了恩惠
也爲我們擺設了饔餐的碗筷呀

三二、三、贛州

竹片燈

這是怎樣地使我驚奇呢
當我第一次看見他們點著竹片燈
（看見他們點著竹片燈
我彷彿讀著一頁遠古的歷史呵）

竹片燈
照亮了每一個遺落在山谷的人家
也薰黑了每一塊牆壁
和每一塊瓦

但是，竹片燈
仍然被山谷的人民寵愛著
像都市的紳士寵受著霓虹
像父母寵愛著他們的子女

因此，竹片燈還在點著
而且，還要留傳下去……

三三、崇義

這兩首田園風格的詩完全沒有戰爭火藥味，是「詩人底情感自然流露」（墨人「詩人與詩」第十二期）。這樣怡情小詩，是詩人往後抒情詩的濫觴。

在「島上時期」的墨人，雖然有「哀祖國」的長詩和數首可以稱為戰鬥的政治詩，主要的作品，仍是純粹個人的抒情短詩。共處同一時空，詩人李莎以「中國的霧」一詩描敘時代意識，墨人的「台灣海峽的霧」就只算個人的抒懷而已。早年高吭的戰士歌聲，到了此時，逐漸轉成低語，是否，島上的和風吹軟酥了詩人的胸懷？從這類怡情作品，我挑出「黃昏的垂釣」來欣賞：

黃昏的垂釣

雨後的黃昏
樹是分外綠
山是分外青
草是分外嫩
我也彷彿抖掉幾千斤的重擔

抖掉幾千年的鬱悶
忽然顯得分外年輕

拿起新買的釣竿
打著口哨
我一溜烟地
往芳草萋萋的淡水池塘奔
步子分外快又分外輕
這是我最快樂的時辰
快樂中兼有一份驕傲，一份恬靜
計算好浮標的尺寸
再上好蚯蚓
一道優美的弧線

拋向詩意的黃昏
又唰的一聲點破了水面的平靜
盪漾著一圈圈的波紋
像一個甜蜜的酒渦在美人的芳頰開綻
右手把著釣
左手燃著烟
嘴裏吐出嫋嫋的白雲
眼看樹綠草嫩山青
我沉浸於這詩意的黃昏
整個世界的瑪瑙珊瑚珍珠黃金
再加上層層疊疊的皇冠相印
我也不屑轉動我的眼睛
我珍惜這一份驕傲

我珍惜這一份恬靜
我珍惜這一份詩情
我珍惜這樣的人生

四〇、六、十七、左營

詩人陶醉在「詩意的黃昏」、「幸福的夢境」，珍惜「一份恬靜」、「一份詩情」，隱然間，我們看到早年詩人忙裏偷得浮生半日閒的恬靜。這種詩風，幾乎貫穿往後所有的詩篇，即使民國五十二年停筆前，被眾人喜愛的「青鳥」一詩，也已經把早年的怒吼聲隱入平靜的文筆了。

等到詩人復出，推出「山之禮讚」，更看到詩人前期的恬靜，真的蛻化成「心在山林」「山中人語」（墨人兩部散文集）的怡情了。

何舜在評詩集「哀祖國」時，認為墨人的詩具有「低吟和長嘯」兩種聲音，是正確的。墨人在「松」一詩（收進「山的禮讚」）讚揚松樹：

你也具有偉大的詩人氣質

明月清風之夜
你會龍吟細細
狂風暴雨來時
你會豪情激勵松濤起伏
那嘯聲也是懾魂奪魄的

這首詩該算是「自況詩」。事實上，我們循著墨人創作途逕一路探索過來，這兩種聲音一直是墨人寫詩的基本曲調，當他長嘯時，發出抗暴的怒吼，高舉自由火焰，哀吉米卡特；當他細吟時，低唱山城小調、子夜獨唱，以及怡情山水花木之間。此二種詩風，只有份量多寡之別。整個而言，早年他以戰士的昂嘯，引人注目，近期則以樂山的智者——怡然自得。

在詩的技巧上，墨人一直採平實、樸素的口語，不標新立異，擅長使用疊字疊句，強化詩的音韻，同時拒絕實驗性的前衛作品。

民國四、五十年間，墨人擔任中國文藝函授學校教授，撰述講義「新詩選讀」

（部份收進「墨人散文集」內新詩欣賞），指導新詩欣賞，並列舉部分劣詩，提供正確、平實、健康的詩選，這樣正確、平實、健康的詩觀，是他十年來所秉持的創作精神，試摘他在「山之禮讚」序曲中所言：

你像個大傻瓜，不言不語
你永遠守住一個崗位
一個點、一個面、一寸不移
永遠不會改變主意
今天東，明天西
不像那嘮嘮叨叨
甜言蜜語，搔首弄姿
朝秦暮楚的蕩婦——流水
……………………
……………………

路轉山不轉
無論從那個角度探你、看你
你還是你，始終如一

雖然是對山的讚美，實際就是詩人的自畫像——永遠守住一個崗位，始終如一。此情況，證之這三十年來，詩壇上歷經各類思潮風起雲湧，絲毫不曾在墨人的詩作中，產生任何激盪或微波，至少表明他對文學寫作的一貫主張——不譁眾取寵，不故弄玄虛，踽踽獨行，保持高風亮節的人格，因而寫出謙和、平實、穩重的詩篇，自然讓眾人景仰。

在墨人的文學殿堂裏，詩，雖然只算一座神龕，卻是日夜散放著光明的神龕。

原載七十四年十月七日大華晚報

重讀「白雪青山」

◉羅盤

文學是人類文化精髓的昇華，不同於一般動物原始的本能文化，它是人類所特有和獨享的。

文學的起源是由於人類有語言、有文字、有智慧、有思想、有意識、有情感，因「互動」而產生。

語言是人表達思想、意識、情感的工具，文字也是人類表達思想、意識、情感的工具。昔者，人類未發明文字以前，語言一經出口即隨風而逝，無法記錄保存，語言所能擔負的任務層次很低，因而文學亦只限於醞釀形成的階段。

人類智慧的發達和成熟，是由於承傳累積的結果，而文字正具有此種偉大的功能。所以文學因文字而誕生，沒有文字文學便無法發達和成長。

文字構成了文學，文學滋養了智慧，由於人類智慧的發達，也誘發了人類思想、意識、情感的發達。

人類既是具有思想、意識、情感的高等動物，是以也就產生了訴求的慾望，而文學作品，正是最好的訴求媒體。

文學的內涵包羅至廣，舉凡詩、詞、歌、賦、散文、小說、戲劇等等均屬之。詩歌在文學的家族中，是資歷最深，發展最早的一種體式，晚近，小說則躍為文學的主流。蓋小說具有「多媒體」的特性，它有無限的「胃納」，可以容納任何的主題和素材；它有無窮的空間，不受時間的限制，也沒有空間的拘束。

文學是人類特有的產物，所以一切文學作品皆以人生為範圍；小說為文學家族的主要成員，則小說與人生更有密不可分的關係。而且更應負有積極的使命。

小說的使命為何？曰：反映人生、表現人生、美化人生、啟迪人生、指導人生、與娛樂人生。

反映人生者，是一種比較消極客觀的作法，小說的素材率為人類生活中既有的現象，作者僅是以組合的手段，將它們系統化、故事化，不作蓄意的創造與誇張。其為表現人生者，則較諸反映人生為之積極，寓有作者主觀的成份在內，作者恒以自己的思想意識作為訴求的主題，不以客觀的反映為滿足。其為美化人生者，旨在滋潤心靈、提昇精神，使人類對其生活感到憧憬和滿足，美麗而嚮往。至於啟迪人生與指導人生者，是藉由作者在作品中所表現的睿智，使讀者能得到某種啟示，對人生產生一種導向作用。至於娛樂人生者，則為人們工餘之暇、茶餘飯後之際、排除寂寞、打發無聊的消遣品而已，此雖無積極裨益人生的意義，卻也是人類精神生活所不能或缺者也。

小說對人生既負有諸多的使命，準此而論，我們且來看看墨人先生的「白雪青山」是否已具有小說應具的使命感？

白雪青山的地理環境是以江西廬山為背景，那正是作者的家鄉。廬山是以避暑勝地名世，而男女主角登山時，卻不是炎炎的盛夏，而是大雪紛飛的隆冬。

何夢華與古月仙是一對以身相許的情侶，由於月仙父母不同意這樁婚事，並強迫與其表哥成婚，兩人便雙雙來到心園隱居，希望藉時光的流轉能軟化父母的心腸，否則寧可長住此山，終老林泉。

心園是富商徐人仰的避暑別墅，冬季無人居住，只有家人老王看守。由於夢華與人仰情屬莫逆，便偕月仙一同抵此，卻藉名山勝境的霽月風光，來撫慰兩人創傷的心靈。

廬山是馳名中外的避暑勝地，每屆炎夏，達公巨賈、中外名流，多攜帶家小前來渡假，及待秋風送涼，人們即紛紛下山，季入隆冬，則十室九空，人煙寥寂，牯嶺商店也一一打烊，終日難得一見行人。

廬山多勝景，而人們所看到的，多是春夏的嫣紅柳綠，很少人特有興致於大雪嚴冬訪此名山。作者使夢華與月仙冒雪登山，顯有深意。除了藉此蕭索冬景象徵男女主角的感情命運外，作者似亦有意以另一種角度來介紹這座名山，描寫它罕為人見的各種風貌，所以本書前部多以寫景為主。由於作者運筆靈巧，文字根基深厚，往往淺淺幾筆，就能將其風貌神韻栩栩如生地勾勒出來。行文走筆之間，不覺美景呈現眼前，了無刻意描繪的痕跡，本書的寫景是一大特色，也是一大成就，不為老殘遊記專美於前也。

本書的另一特色是情節多於故事。所以這本書只能細細地讀，無法滔滔地講。昔者，我國的小說多以發展故事為擅長，許多小說都由說書人在茶樓酒肆中演講，而本書中，作者乃是使主角與大自然結合；欣賞自然、歌頌自然。它沒有戲劇性的故事情節，沒有糾葛、沒有紛爭、沒有煽情，它所呈現於讀者眼前的，是人們夢寐以求的人間仙境，他們過著神仙般的生活、逍遙、自在、恬靜、單純，他們不是暢飲濃郁的咖啡，也不是狂飲香醇的烈酒，他們只是品嚐著淡淡的香茗。

本書所寫的事很少，寫的人也不多。然而，書中所有的人物，卻都一如作者敦厚的秉性，每個人都是那麼善良可愛（即使那曾和老王打架的英國人也有可愛之處）。使得每位讀者都心嚮往之，希望與他們成為莫逆。

老王是心園老主人的保鑣，忠於主人，也忠於主人的朋友。他不曾讀書窮理，但閱歷豐富，深諳世故，人情練達，明辨是非。有愛也有恨，而其愛恨都不是出於一己之私，是一位十分可敬可愛的老僕，他象徵著我們民族性的善良、忠恕、寬厚。他本對馬林斯基父女存有芥蒂，而後卻不惜以得來不易的肉蛋相贈，甚至更不惜寧違誓言、不怕嘴上長瘡，要為馬蘭撮合感情，是何等偉大的情操。

本書涉及的人物不多，卻能個個寫得風貌各別，性格分明，各具代表性，縱然每人著筆不多，亦能鮮活在讀者的心中。如黃龍寺方丈慧真，通釋通儒，雅而不俗，儼然高僧。太乙山莊主人顏太乙息隱林泉，善解人意，諧而不俗。就連觀音閣的小尼姑守真，黃龍寺的小和尚了緣，為人看守別墅的馬蘭，都寫得十分純真可愛。他們各有不同的遭遇，不同的命運，不同的願望。他們雖然都是微不足道的人物，卻皆閃爍著人性的光輝。以致他們的遭遇令人同情，命運令人關懷，願望令人關心。

本書沒有火熾的愛情、熱鬧的故事，而一旦展讀，便令人愛不釋手，作者沒有刻意表達什麼理念，然讀畢全書，則深感蘊藏豐富，韻味無窮。作者理想的大同世界，正是世人共同嚮往的香格里拉。中華文化的優美，中華文化同化力量的偉大，中華民族的和平敦厚，寬大包容，不分種族、不分宗教。中國人人情味的芬芳濃郁，在在洋溢於每個角落，每一篇章。作者於人於事，雖皆淡淡地著筆，卻皆令人有大氣磅礴的感受，若非大家，曷能臻此！

本書另一卓越的成就是語言的運用，書中人物的對話均無刻意的修詞，而每一人物的每一句話都能恰如其份地顯示出其身份與性格；該是張三說的話，絕不會出於李四之口。縱是俚語村言，亦皆蘊含著深厚的人情與洞澈的世故。

本書故事的結束，是女主角月仙被一封電報詐回了上海，而後再被迫去了東京，最後連音訊也沒有了。夢華在心園無時無刻不觸景傷情，只得轉赴太乙山莊，接替顏氏夫婦的空屋，獨自隱居起來，苦苦的、無窮地等待。予人一種強烈的淒涼落寞之感，久久不能去懷，使人撫卷歎息不已。作者沒有為讀者編織熱鬧的故事，描繪香艷的愛情，而只是對人生作了一番深入的剖析。

原載七十八年四月十六日新生報副刊

敍情寫景各不同

——讀墨人的「白雪青山」有感

◎吳東權

近年來，在文學國度裡，小說的身價，似乎已經跌入了谷底，好多雜誌、副刊的主編老爺，把小說貶入冷宮，專門寵愛雜文和報導文，因此，坊間出版小說的老闆也就越來越少，都相繼減少，這種一蹶不振的現象，對從事創作小說的朋友來說，多少有點洩氣。

個人忝為寫小說的笨蛋之一，眼看小說走勢「利空」、「跌停」，心有未甘，別人不看小說，我們自己看吧！這正如果農雞農一樣，大不了自己多吃一些，我一狠心，從春節以來，自己一篇小說也不寫，卻一口氣讀了十幾部長短篇小說，腦子裡頓覺充實熱鬧了起來，而且還有不少感觸一直想溢出來，索性抓起紙筆，寫一些讀後感，聊以抒展胸中的抑鬱罷。

在新讀的十幾部小說中，有一部是墨人先生的「白雪青山」，倒是有點像萬壑山巒中的一脈清流，給我留下頗為深刻的印象。

「白雪青山」是一部長達三十萬字左右，厚達五百八十多頁的長篇小說，由大地出版社於七十八年一月第三版出書。小說能夠三版付梓，也算是勁道十足，並非泛泛之輩，所以引起我的注意，格外認真閱讀。

作者墨人先生以詩與小說齊名，在小說中，他擅長幽默、瀟洒而且含有哲思的對白，而「白雪青山」同樣也是以對白取勝，並不以情節的曲折離奇誘人。換言之，這部小說，是以報導式、散文體、敍述性的愛情文藝作品，讀完它，會有不少感慨、幾許惆悵、若干嚮往、一些回味。

我這樣給「白雪青山」做品質分析，墨人先生也許會有意見，但是，讀者和作者的角度一向是有差別的，我以讀者的立場，所觀察到的層面，反射出來的看法，自然有其不同的角度。

所謂「報導式」，幾乎也可以說是「遊記式」的寫法，因為整部小說，都以江西的廬山為背景，墨人先生對這個廬山勝境之熟悉、風景之透徹，已到了「只緣不在此山中」的境界，小說中把廬山的真面目，利用男女主角的足跡，一一引介出來，像用彩色幻燈片做背景那樣，襯托在小說情節之中，揉融得恰到好處，從廬山的蓮花洞開始，上了好漢坡，到牯嶺、黃龍寺、蘆林、含鄱口、獅子口、棲賢寺、觀音閣、白虎洞、馬頭鎮、五老峰、萬杉寺、秀峰寺、黃巖瀑、青玉峽、龍池、玉淵、歸宗寺、鶴鳴峰、雙劍峰、香爐峰、文殊塔、姊妹峰、金輪峰、石鏡峰、栗里鄉、醉石村、黃巖寺、五乳寺、黃龍潭、烏龍潭……簡直把廬山上下的所有名勝古蹟，一一瀏覽無遺，讀者跟隨著書中男女主角的足跡，也走遍了廬山，看盡了風光，而且是整整一年四季，冷暖不同的景色。墨人先生對廬山之親切與熟識，從筆底充分流露出來，誠誠懇懇地做了一次廬山之旅的導遊，所以說這部小說可以說是「遊記小說」，把廬山之美，描繪得淋漓盡致，美不勝收，遊過廬山的讀者，可以重溫舊憶；尚未一睹廬山真面目的讀者，則可先從這部小說中領略到山中的勝景，醞釀待機一遊廬山的雅興。

所謂「散文體」；是說「白雪青山」從書名到內涵、從著筆到結局、從寫景到敍情、從詩詞到對白，無一不是輻射著濃郁的、清香的散文氣息，全文所涵泳的人、事、地、物、時，都是雄俊而美好的化身，墨人先生用生花的妙筆，把最儁逸、最超詣、最清秀、最芬芳的文字辭彙，精雕細琢地寫下美妙的廬山、善良的人物、淒美的愛情，的確像是一篇散文那麼可口、可人。

所謂「敍述性」：就是墨人先生以第一人稱有限觀點的立場，原原本本地就其所見、所聞、所知、所思，透過筆觸，將情節敍述了下來，完全是一種自然的、順序的、平舖的敍述，即便是回憶式的倒敍都難得一見，這與一般小說採用多元的、複雜的、起伏的、顛倒的、曲折的、懸疑的架構有所不同，它就像和作者面對面那樣娓娓道來，說到最後，竟然一把鼻涕一把淚，嗚咽失聲，才告一段落。

這部小說，像一件冰雕的藝品，晶瑩剔透，冰清玉潔，除了背景美不勝收之外，其中所出現或是被提及的人物，包括俄國籍的父女、小和尚和小尼姑、轎夫和農人、小孩和老者……都是那麼可愛可親，都是那麼善良熱情，在那樣優美秀麗的廬山上，所孕育的人物實在應該都是像墨人先生筆下的人物那樣溫恭良厚，這樣的陪襯，才能勻稱，更難能可貴的是書中的人物，都被刻畫得生動近人，栩栩如生，一個個都是那麼凸顯地在讀者的眼前活動，躍然紙上，相當成功。

由於全書的情節並不複雜，如果處理得不好，就會變成呆板而枯澀，幸而墨人先生筆下靈巧，採取「化整為零」的方法，不論是寫人或是敍景，都把它揉成細瓣，拌絞在情節的發展過程中，涓涓地、潺潺地隨流而下，沒有生吞活剝、也不見刀疤斧痕，若非老手，焉能致此？

墨人先生必然熟讀「浮生六記」（小說中曾經提及兩次），所以深諳男女主角互相照料的生活情調，其中敍述得最感人、最細膩的一段，莫過於男主角因受寒發熱的小病期間，女主角月仙細心呵護，小倆口心靈相通的那幾段，不妨摘引幾行來與讀者共享：

其一：

我不知道我睡了多少時間？後來我恍惚覺得睡在搖籃裡，晃晃盪盪，突然我感到一個大震動，我迷迷糊糊地睜了一下眼睛，發覺月仙的手在我肩上輕搖，她的嘴貼近我的耳邊，輕輕地說：

「醒醒，薑湯快涼了。」

我再用力睜開眼睛，她臉上綻開兩朵微笑：

「你這一覺睡得真好！」

隨即端起一大碗薑湯，放在嘴邊抿了一下，砸砸嘴說：「快喝，現在剛好，不冷不燙。」

她用一隻手微微托起我的頭，一隻手端碗讓我喝。

喝了大半碗，我就不想喝，她像勸新娘子上轎一樣，滿臉堆笑地說：

「只有一丁點兒，一口氣就可以喝完，出身大汗就會好的。」

我鼓鼓勁，勉強喝下去。月仙笑著把碗放在椅上，把被子往我頭上一蒙，在我耳邊輕輕地說：

「好好地睡一覺，出一身汗，寒氣就發散了。」

隨後我就聽見她拉攏窗簾的聲音。

不久，我又睡著……。

其二：

老王端兩碗紅棗粥進來，月仙連忙起身去接——。

我準備坐起來，月仙怕我受涼，把我的枕頭墊高一點，在我耳邊低語：

「不要起來，我餵給你吃。」

……

晚上，臨睡之前，我又喝了一大碗紅糖薑水，月仙又把被子蒙在我的頭上，讓我發汗。

我一覺幾乎睡到天亮，醒來又是一身大汗，精神卻很舒暢。我把被子掀開一點，露出頭來，月仙連忙用毛巾替我擦汗。她和白天一樣穿得整整齊齊，顯然沒有睡。

「妳沒有睡？」我驚訝地問。

「我看書陪你。」她笑著回答。

「我真不該生病。」

「生病就是生病，還有什麼該不該？」她嗤的一笑。

「妳太辛苦了。」

「我不覺得。」她笑著搖搖頭：「現在是不是舒服一點？」

「好多了！」我用力點頭：「我有點餓。」

她把臉貼在我的額上，過了一會，抬起頭來高興地說：「真的！一點不燒了。」

……

這兩小段，寫得非常平實而毫無矯情之筆，卻流露出小兩口的關愛體貼之情，柔情萬種，盡在那平平凡凡的幾句耳邊輕語，額上貼腮中透露出來，墨人先生確已深得沈復的神髓矣！

最末有幾段敍述男女主角分離後的淒涼，把相思之苦也烘托得相當鮮活，自古多情空遺恨，墨人先生亦情種也。時下青年，恐已缺乏那份對愛情的執著毅力，若換成當代年輕作家來收場，其結局絕不會是男主角「兩腳一軟，一跤摔倒在草亭邊」了。

前面說過，這部小說是以平鋪直敍的手法寫來，如果要說也有伏筆與懸疑的話，應該可以說是利用男女主角的關係構成了懸疑，從小說的開始，出現這對男女青年，既沒有交代他們的身份，也沒有表白他們的關係，讓讀者去猜測可能是夫妻？抑是情侶？他倆冒雪登山，是為了雅趣？抑是養痾？還是避秦？書中都略而不提，到最後，才揭開疑點，總算是平淡的敍述中終於激起了一個浪花罷！

原載七十八年八月十三日新生報副刊

詩人的畫像・文壇的紳士

——寫詩人小說家墨人先生

◉涂靜怡

在詩壇上，他是前輩，早在民國三十九年，就有詩集「自由的火燄」出版了。他，也是文壇上，一名「實力派」的全能作家。擁有小說家和評論家的頭銜。更是我所敬仰的長者。只是，與他相識，以及第一次見面，在我的感覺上，似乎，有些「傳奇」，那真是一段，非常非常珍貴的回憶。

民國六十七年十月三十一日的傍晚，我在台北三軍軍官俱樂部，曾接受過參謀總長宋長志將軍頒發的一座，第十四屆國軍文藝金像獎。頒獎典禮後，有一個盛大的慶祝餐會。在坐的除了得獎人和他們的親屬之外，還有許多的將官及評審委員。

我因為是歷屆長詩金像獎得主中，唯一的女性，又是國防部第一次開放對外徵文，社會組的第一名。所以，無論是在頒獎典禮上，或午餐會上，我所受到的注目和重視，都要比別的得獎人多的多。（一會兒電台訪問，一會兒又是記者要求攝影）使我這個沒有見過多少世面的人，被拉來拉去的，不僅有些怯場，一時也不知如何是好。（彷佛，站也不是，坐也不是）心慌慌的。

就在這個時候，有一位穿著整齊，看來精神奕奕，像紳士一樣的先生走過來，他面帶微笑，走近我的身旁，輕輕問了一聲：「妳就是涂靜怡嗎？」我點點頭。還來不及開口，只見這位先生，匆匆對我上下打量了一下，什麼話也沒說，轉頭就走了。我當時因為不認識他，又有點好奇，便在他轉身的時候，也「學他」問了一句：「您貴姓」？他回過頭來回答我：「我姓張！」然後，就不見人影了。

我感到很奇怪！心想，他會是誰呢？為什麼那樣神秘？後來，我把這件事，告訴古丁老師，也把當時的經過，描述了一遍，但是古丁老師仍猜不出這位「張先生」是何許人？

過了好久，我幾乎都已把這件事忘了。卻又在六十八年元月七日的「中副」上，意外地看到墨人先生寫的一篇「我評審『從苦難中成長』。」評文中有一段是這樣寫著：「這次長詩評審，我是先讀為快。當我看到『從苦難中成長』這首詩時，我並不知道作者是誰？因為卷子是密封的」。「當我看完了『從苦難中成長』時，我把它再和其他詩作比較，我毅然寫下了評審意見，最後的結語是：無論從文學創作觀點或時代意義而言，本詩均應列為第一。」

啊！「真是踏破鐵鞋無覓處，得來全不費工夫」。拜讀了這篇評論，我終於才明白，原來我心中好奇的那位「神秘」人物，就是使我榮獲國軍文藝金像獎的評審委員——本名張萬熙的墨人先生。而這一切，我事前一點也不知情。他給我的鼓勵這樣多，對我的作品評價如此高，我的「謝師宴」竟然沒有請他？想想，實在是臉紅。

為了想表達內心裏的歉疚與感激，經古丁老師的建議，向「中副」打聽到地址，我寫了一封信給墨人先生，並附寄了四本近期的「秋水」給他。很快地，我就收到了墨人先生的回信。他對我們創辦「秋水」和「秋水」所走的方向，十分贊同。他在信上說：他雖然很喜歡詩，但看不慣近年來詩壇上「晦澀詩充斥」的歪風，他感嘆已有好多年不看詩刊了。不過，他說他喜歡「秋水」，同時，更欣賞古丁老師對文學的執著及愛國的情操。

這以後，我們便常有連繫。更因為，古丁老師的個性和他極為相近：（他們都是承襲了中國傳統讀書人的本色，秉持一支筆，以「書生報國」的精神，維護中華文化和倫理道德。也都嫉惡如仇）。他們很自然就成了無話不談的好友了。大有「相見恨晚」之慨！

六十九年古丁老師創辦「中國風」（政論性雜誌），墨人先生也參與幕後的籌備工作。那時，「高雄暴力事件」剛發生不久，一些「台獨」野心份子，乃利用自己辦的刊物之便，不僅刊登不實的言論，歪曲事實，漫罵政府，污蔑政府首長，也直接破壞了社會的安寧與秩序。

古丁老師因為看不慣那種「逆行」，忍不住內心的憤懣，便慨然挺身而出，想以一個「純老百姓」的立場」辦一份雜誌，提供園地，結合一群「愛國之士」，以筆代槍來「駁斥」那些人不正確的觀念，替政府說話，盡一己「報國」的心力。也顧不得是否有力量和足夠的資本，只憑滿腔的熱血，就硬著頭皮去做。

「中國風」的創刊號，在古丁老師堅定的意志下，破除層層難關，終於在六十九年十二月一日出版了。當創刊茶會在中山堂的復興室舉行，與會的人士，包括各大學的名教授、作家、詩人及各階層的學者、記者等都前來道賀，電視台也派人來拍新聞，場面之感人，可以說「轟動一時」。（由此可見，愛國的人畢竟還是很多）。

只是茶會過後，「曲終人散」，問題也就跟著來了。而最現實的一點是；銷路。因為我們的刊物過於「正派」，書攤和書店都拒絕代銷，那是我們事先不曾料到的。反而那些邪門專搞歪曲事實和亂罵人的刊物、銷路特別好。我們的印刷費第一期就用掉六萬元，加上開茶會。在沒有任何補助及支援下，出版第二期，就把我從中山文藝獎那裡得來的十二萬元獎金，全部花光了。

眼看第三期馬上就要出版，而我們的印刷費還不知在那裡，那時，我和古丁老師都像熱鍋上的螞蟻，很需要朋友伸出援手。尤其精神上的安慰。而墨人先生就是我們那時的「救星」。他在中山堂國民大會做事，古丁老師每一次來台北，除了約我，也約墨人先生。有任何困難，也都找墨人先生商量，墨人先生也沒有不幫忙的。好像他那裡，是我們最溫暖的「避風港」，在我們最無助的時刻，給予我們最多的協助！

尤其是我，「中國風」創刊後，我的壓力最重，好多工作都落到我的肩上，我日夜忙錄，沒有時間休息。回憶那時，每當我抱著重重的「中國風」在重慶南路或衡陽路一帶，挨家書店書攤推銷時，（經常會碰釘子）腳走酸了，累了，渴了，我都會就近走進中山堂，只因那裡有和藹可親的墨人先生。他那親切的笑容，和適時從他手上遞給我，能讓我解渴的一杯涼開水，以及一句：「吃過飯了沒？」（如果我搖頭，他便會帶我去樓下的餐廳，叫客飯給我吃）不知撫慰了我多少次，因推銷書，心靈上所遭受到的挫折。

往事不堪回首，「中國風」第三期尚未出版，古丁老師便遇害離開了這個世界。（我始終不相信，那是意外的車禍，我一直認定，他是為國壯烈犧牲了）但無論如何，這些年來，墨人先生給我的幫助，不管古丁老師生前，或他離開了這個世界，他對我的愛護和鼓勵，都是最多最多，也是令我永遠銘感不忘的。

其實，在這之前，我雖不認識墨人先生，但讀過他的作品，知道他是很有名的作家。詩人金劍和王牌也曾不止一次，在我的面前提到墨人先生，說他無論是做學問或為人，都是一等一。他們兩位都好欽佩他。

事實上，提起墨人先生，詩壇和文壇的朋友們，對他都不會陌生；因為，他在文藝園地裡，耕耘了將近半個世紀。雖然他常說，他寫作是為了興趣，只問耕耘，不問收穫。然而，他卻是文藝園裡，一位收穫最多的人。據我所知，他寫了十六部長篇小說，出版了十本中短篇小說集，五本散文集和四本詩集。

墨人先生的新詩創作，雖然不像小說和散文那樣多，但我讀到他在一本書上說：「我的文學生命與新詩息息相關。在民國四十年以前，我將整個生命投入了新詩，四十年以後，由於詩壇宗派門戶之見逐漸形成，影響了新詩的正常發展……」所以，他才悄悄的自詩壇隱退。

我雖不知道，墨人先生所指的「新詩的正常發展」是什麼？但我猜想，他可能是希望；中國的新詩，無論如何求新求變，都要從傳統詩中「推陳出新」而不可一味地跟著時髦，過於「洋化」。

民國六十四年以後，詩壇上的「爭議」逐漸緩和，各報章雜誌也慢慢地能接受新詩了，（或許，大家都寫較為明朗的詩之故）墨人先生便又拾起他的詩筆，在各報章陸續發表他的作品，而於六十九年出版了「山之禮讚」詩集。並在這本詩集裡附錄了他的七言絕律感懷詩十首。從他的傳統詩來看他的新詩創作的語言與意象，不難發現，他的新詩創作，是絕對「純中國」的，沒有半點「移植」的成分，他是一位，十足擁抱傳統的詩人。

雖然是一位擁抱傳統的詩人，但墨人先生對西洋的所謂「象徵派」與「現代主義」都有深入的研究。他同時也是一位國際知名的詩人。曾被列入「國際詩人名錄」，並應邀加入「國際詩人學院」。

墨人先生是一位早熟的作家，也是一位早熟的詩人。早在民國二十八年（他十九歲時）他的散文處女作「臨川新貌」就在東南戰區的「前線日報」發表了，隨即被上海的「大美晚報」轉載。二十歲他的新詩創作「希望」和「路」發表。二十二歲和二十三歲這兩年，他發表了「苦難的行列」，「贛州禮讚」、「鋤奸隊長」三首長詩，和幾十篇抒情小詩，散文及短篇小說。這時，正是抗戰最艱苦的日子，他奔馳於大戰區各前線的槍林彈雨中，荷著槍，握著筆，耳邊聽到的是槍聲、炮聲、和敵機投下的炸彈聲，戰士的衝鋒怒吼聲，以及同胞的哭泣哀號聲。眼前所見，是被敵人蹂躪的破碎山河，是軍民奮勇抗敵，前仆後繼，死傷枕藉的景象。心裡所想的，是如何殺敵致勝，如何救亡圖存。所以，他這個時期的作品，都是慷慨激昂，洋溢著愛國情懷，鼓舞民心士氣的篇章。

民國三十四年抗戰勝利，他嘗到了用全國軍民同胞和自己的血汗換來的勝利果實，他寫了一篇「最後的勝利」長詩。只是，抗戰勝利，舉國騰歡的日子，好像是曇花一現，接踵而至的，是大陸沉淪的悲劇。民國四十年，他發表了「哀祖國」長詩。在這種心情下，他看到當時詩壇那種「紊亂」的景象，怎不令他沮喪心寒？他悄悄地從詩壇隱退。其實，所謂「隱退」只是退出「論戰」，不參加詩壇的活動而已，他仍然在默默地從事詩的創作。像「未完成的想像」、「廊上吟」、「窗下吟」、「白髮吟」、「秋夜輕吟」及「春天的懷念」等五首，都是這個時期的作品。這個時期，也是他散文及小說的豐收季。他的短篇小說「馬腳」及「小黃」先後被奧國維也納納富出版公司選編入「世界最佳小說選」，與諾貝爾文學獎得主威廉福克納、拉革克菲斯特等的作品並列齊名。

在我的印象裡，墨人先生不但是一位愛國詩人，也是一位愛國文學家。他在紀念覃子豪先生那首詩的序文中說：「民國二十八年八月，子豪兄和我同在重慶沙坪壩中央訓練團新聞研究班第一期接受新聞專業教育，畢業後又同時分發東戰場從事戰地新聞工作，並為新詩貢獻心力。」那首詩的第一段是這樣寫的：

嘉陵江碧水盈盈
盈盈的碧水
載不動我們抗日的熱情
載不動中華民族的恥辱和仇恨

幾十年來，他把愛國熱情，民族的恥辱及國仇家恨，都溶入於他的詩文和小說中。他於六十壽辰「花甲之歌」中寫道：

六十度的空間
沿著弧線一路翻滾
在我自己的軌道上
留下憂患斑斑的腳印

一個腳印一滴血汗
一個腳印一個音符
沉鬱的樂章中自有昂揚的歌聲
進行曲中也有小夜曲的輕吟

跨過了六十度空間
我以小白駒子的心情

躍進第二個六十度空間

是的，以「小白駒子的心情，躍進第二個六十度空間」，墨人先生的生命力充沛，胸心開闊；（這可能和他的生活嚴謹有關）他不抽烟，不喝酒，除了讀書和寫作，唯一的嗜好是喜歡接近大自然；喜歡登山和蒔花木。（我到過墨人先生在北投近郊外的寓所，他家雖有前後院，但面積不大。不過，愛好花木的他，把小小的院子，經營得「頗具規模」，不僅種了四季不同的花，還有許多的果樹。如芭樂、木瓜、枇把和芒果樹等等，那次我去時，正植茉莉花盛開的季節，墨人先生還特別為我摘了幾十朵，用一個塑膠袋盛著，讓我帶回台北。使我在乘公車時，因為茉莉花的香氣四溢，而一路從北投香到台北）在他腰痛之前，他幾乎每個假日均在山中。商務印刷館為他出版的「山中人語」和中華日報為他出版的「心在山林」散文集，以及詩集「山之禮讚」，大部分均是他這些年來，登大屯山、七星山的感懷。

「躍進第二個六十空間」，「雄心萬丈」的墨人先生，想要完成一部文學巨著。於是，他想盡辦法，提前從國民大會的秘書處退休。埋首於他構思了十年，藏於心臆的百多萬字文學巨構。他用二年的時間，全心靈的投注，終於「大功告成」，而完成了他一直想寫一部百萬字大長篇的心願。

這部「百二十多萬字的大長篇小說「紅塵」已於三月三日，在新生報副刊連載。我為了先睹為快，特地訂了一份新生報，每天看完即剪貼起來。墨人先生對「紅樓夢」很有研究，他曾寫了一本文藝理論專著「紅樓夢的寫作技巧」。我看「紅塵」開頭的架構，似乎有點受了「紅樓」夢的影響。對「紅塵」未來的發展，我雖不敢妄加推測；但我在想，它一定是作者歷經的那個大時代的「精緻縮影」。也必將與「紅樓夢」齊名不朽。

墨人先生與我有師生之誼。因為，他曾是中國文藝函授學校的老師，雖說我讀函校時，他已不授課改作業了，但嚴格說起來，他仍是我的授業恩師。何況那首「從苦難中成長」若不是他給的分數最高，我也拿不到第一名的。

文藝的潮流，總是隨著時代在改變，我看許多詩人和作家，他們的思想和作品，也常更換風格趨於時尚，唯獨墨人先生沒有改變。我讀他的「山之禮讚」序曲裡的幾行詩，就覺得那就是「鈎勒」他自己的畫像：

你永遠守住一個崗位
一個點　一個面　一寸不移
永遠不會改變主意
無論從那個角度探你　看你
你還是你　始終如一

真的，墨人先生就是這樣一位始終如一，有原則，有理想，有魄力的人。

在我的心目中，墨人先生是一位，生活很有規律的紳士，我個人非常崇拜他欽佩他。不光是欽佩他在文學上的成就，更是佩服他那「說到就做得到」的堅毅的意志，和旺盛的精神。都已六十多歲了，還能夠寫出一百多萬字的巨著，如果不是有過人的智慧和耐力，怎能辦得到呢？另外，墨人先生近年來並沉潛於易經和道德的研究，已很有心得了，正準備計畫於晚年完成此類專門著作呢，就讓我們拭目以待吧！

寫於七十六年四月二十日原載「秋水」詩刊

只問耕耘不問收穫

——詩人小說家墨人訪問記

◉劉菲

・前記・

墨人一直是我仰慕的作家，認識他是近年的事，他給我的印象是樸質而充滿鄉土氣的，他的額角的堅苦的形貌，他的眼神是卓然的自信，縱然他穿西服結領帶，在他身邊仍然看不到都市的公關式的姿態和言談。他的簡樸誠懇，就如同他的作品，形成一種特有的品質與風格。

他做過軍人、記者，幹過公務員，當過教授，忙碌了整整五十年而退休，退休之後時間是屬於他的了。至於榮耀，統統建立在他的作品上。

他住在北投中和街，那裏曾經是雜草雜樹的丘陵地，而今成為熱鬧的交通方便的社區，他的住宅離街道有一段距離，沒有都市的車聲噪音和空氣污染，那幢小小樓閣，有個小小的花園，墨人的書房就在二樓，那是真正的書房，除了寫字檯之外就是書架，他的著作佔了書架的兩格。推開書房靠走廊的那扇門，仰首可看到遠山，俯視便是那座小小的花園，看了墨人住的環境，使我想起陶淵明詩：「結廬在人境，而無車馬喧；問君何能爾，心遠地自偏；采菊東籬下，悠然見南山。山氣日夕佳，飛鳥相與還；此中有真意，欲辯已忘言。」

墨人有「南山」可見，有桂花可摘（庭院小花園有兩棵桂花樹），這些客體的景觀很可能都出現在墨人的作品中，墨人的心情或許偶有與淵明相似之處，但卻沒有淵明那麼幸運，有田園可歸。不過「飛鳥相與還」對墨人來說既是詩中景，亦是景中詩。我想我們對這位有千萬字作品的作家作一次探索，或許可以幫助讀者對墨人有深一層的認識。

·訪談·

菲：在你數十年的生活中，也許有些遭遇令你終身難忘，而這類的事情又是大家樂於聽聞的。

墨：我是民國二十七（一九三八）年夏天，離開家鄉到武昌去考軍校，考畢之後住在旅館等放榜，但發生一件使我終身難忘的事，就是日本的轟炸機對武漢地區作地毯式的轟炸，那時，城市都設有防空洞，有的防空洞是在空地挖個洞，上面蓋些泥土和草皮，有些是在建築物的地下層，當日本人的飛機來轟炸前，防衛部隊會拉警報，聽到警報大家都往防空洞躲，日本人空襲城市是用疲勞轟炸的方式，日本人的飛機一波波的來，一波波的去，每次九架，投的都是重磅炸彈，我們的高射砲太有限，根本就射不到日本飛機，只能眼睜睜的看著它來去。

我記得我們那個防空洞躲了六七十人，裏面空氣太悶，當炸彈落下時，很多人嚇的發抖，牙齒發出咯咯的聲音，那種恐怖筆墨無法形容。由於防空洞空氣不够，裏面的人想出來，外面的人想擠進去，而日本飛機投下大量的燃燒彈和炸彈，把防空洞變成了搖籃，震耳欲聾的炸彈聲和熊熊的火光，宛如人間煉獄，當空襲之後出來一看，街道邊上的防空洞不是被炸垮就是震垮，遍地血腥臭味令人作嘔。

從那次八十多架飛機的大轟炸之後，我只要聽到蚊蟲的嗡嗡聲音也會拔腿狂奔，兩三個月睡不安寧。

第二件難忘的事情發生在民國五十五（一九六六）年冬天，由於我長年寫作，很少注意自己的健康，連年吹電扇的結果，吹成嚴重的風濕病，中西醫都治不好，後來一位朋友介紹我去圓山向王延年先生學太極拳，但必須每天凌晨四點多鐘要從大直後山趕到那裏。為了學太極拳，我買了一部腳踏車，有一天早上八點鐘打完太極拳，從五百完人塚騎車下來，剎車突然失靈，衝下中山橋三角地帶，而台北、士林、大直三方面來的公車、計程車都向我衝來，我以為必死，但並不慌亂，因為自認平生不作虧心事，不應如此死法；說時遲那時快，一輛計程車突然超越公車衝到，計程車的保險桿恰巧撞上我腳踏車的踏板，將我彈向山邊，我便成了空中飛人，連人帶車落在三四丈遠的山邊，前後車輪跌成了柿餅，但我還穩穩地坐在車上，只是右手虎口破了一點皮而安然無恙。

警察趕來鑑定車禍，要計程車駕駛賠償。我當時想，大難不死，是神明保佑，所以我不要求任何賠償，只要求計程車駕駛載我連同腳踏車到大直去修理，因為我實在扛不了那麼遠的路。計程車駕駛很感激，警察也省了事，這又是一次從鬼門關回來。

菲：我們知道你已出版過四十二部作品，第四十二部是長篇小說「紅塵」，一百二十餘萬字，在新生報連載了兩年十個月，於七十九年元月連載完畢，全部算起來，你的作品有上千萬字，請你談談創作的心路歷程。（墨人註：[illegible]）

（前二十年一百九十萬字[illegible]）

墨：我在軍校畢業以後就考取中央訓練團新聞研究班，研究班畢業以後分發前線辦軍報，辦報紙當然要寫作，就這樣與寫作結了不解之緣。五十年來，雖然幹過軍人、教過書、當過公務員、辦過報，抗戰時期甚至一年換過三四個工作，但寫作始終沒有間斷過。我開始也是寫新詩，十年以後以寫小說為主。我的第一部長篇小說《閃爍的晨星》，民國四十二（一九五三）年十二月由高雄大業書店出版，大業書店的老闆一次就付給我台幣六千元的版稅，當時大業書店的資本額是三萬元，一本書就付給我六千元，這真是大手筆，那時候六千元在左營可以買三千多坪土地。但這筆版稅卻救了我兩個兒子的命，因為他們都患肺病，那時醫藥費很貴。

菲：聽說那時你在海軍工作？

墨：原先我在海軍總部當秘書，後來經人懇託到左營廣播電台當副台長。在海軍幹了一段時間之後調國防部，四十歲請求退伍，退伍之後拼命寫作，把腦子寫空了再去做公務員，直到六十五歲才真正的退休。我同別人有點不一樣的地方是，我兩次退休都是託人說情才批准的，否則，都退不下來。

菲：據我所知，你在抗戰時期開始寫詩，並出版過兩本詩集，其間停了廿八年的時間再出版第三本詩集，是否有特殊的原因？

墨：我開始寫詩是民國二十八（一九三九）年的事，純粹是一種興趣，也是最直接的表現方式，希望將日本人的殘暴和中國人的苦難寫出來。剛來台灣頭兩年我也寫過很多新詩，民國四十一年以後就少寫了。一是我不喜歡搞派系，我也不寫讀者讀不懂的詩。二是我的寫作重點在小說。

菲：對台灣現代詩的發展請你表示一點意見。

墨：台灣現代詩的發展由於詩人崇洋、標榜現代，走了一段歧路，當年有些青年人連本國的文字都沒有學好就去學西方，文字的駕馭能力不夠，寫出來的詩不但讀者讀不懂，甚至連詩人自己也無法解釋，反而以為別人讀不懂的東西就是新的好的，那是自欺欺人。如果我們反過來看看自己的全唐詩、全宋詞，文字的簡練，意象的優美，確實登峰造極，爐火純青，是那些誤入歧途的新詩難望其項背的。所以，有段時間報紙副刊都不刊登新詩。近年來新詩的發展，風氣已經好多了。

文學與民族文化、民族生活不可分，不宜捨本逐末，植根愈深，愈能欣欣向榮。台灣近年來不再強調西方的什麼主義，這是好現象，詩人能夠回到自己本位來創作，在作品上能夠關懷自己的生存空間，關懷自己的社會總是好的。

菲：請談談作品市場價值與文學價值的看法？

墨：市場價值並不等於文學價值。如果為市場寫作，那是商品，不是真正的文學。當然，最好的文學作品是兩者皆具，既有文學價值，又有市場價值；但這又因時而異，像唐詩，像「紅樓夢」……是真正不朽的文學作品，而現在已經沒有市場了。

菲：台灣文壇有個怪現象，作家和詩人也有明星，只要出名，不管作品好不好，報紙和雜誌都要，如果不出名，你寫得再好報紙副刊也不一定刊登。

墨：這種現象是商業社會的特色，有些人把作品當商品推銷，只要報紙要，出版社要，寫什麼都可以，這就是功利主義；但明眼人一看就知道什麼是好作品，什麼是壞作品。

菲：近年來海峽兩岸已有文學交流，請你談談對海峽兩岸文學作品的看法。

墨：一般來講，大陸作品在技巧上不一定很新，但在內容上比較踏實，我們這邊比較注重技巧，但生活比較空洞，商業氣味較濃。當然，台灣也有好作品，但氣魄不大，這與地理環境和商業社會形態有關。

此外，台灣作家是自生自滅的，大陸作家是領工資的。如果有一天大陸創作出版完全自由了，可能會出現偉大的作品，因為他們經歷時代的苦難，時代的悲劇，加上不同的地理環境和生活習俗的多元性，這些，都是文學創作的豐富資源，是希望所在。如果兩岸的交流逐漸擴大，對兩岸作家都有益處，可以發生互補作用。

就我個人而言，我希望在大陸上多花一點時間，實地去體驗他們的生活，體驗他們的思想情感，體驗他們對時代的感受，這對創作大有幫助。

菲：請談談你的寫作態度。

墨：我的寫作態度是只問耕耘，不問收穫。先盡本分，不先給自己定位。我認為任何事都可以投機取巧，文學藝術不能投機取巧。水到自然渠成，揠苗助長不是好事。經得起打擊，耐得住寂寞，才能無怨無悔地安心寫作。一切外在的假象，不要在意，這樣才不會失去真我。「文章千古事，得失寸心知」。陶淵明、杜甫、曹雪芹等等，生前何曾得意？身後如何？是大家都知道的事實，這樣的人才能為我們留下寶貴的文學遺產，不是過眼煙雲。

墨人傳統詩選刊

乙丑除夕

浮海乘槎四十年，今年除夕不成眠。
揚鞭也下千行淚，煮字曾耕百萬田；
回首前塵渾似夢，翻看往事宛如煙。
鏡花水月知多少？想作神仙未入禪。

北投幽居二首之(一)

千丈紅塵百萬家，痴人不自想榮華。
浩然有意棄軒冕，摩詰存心掃落花；
昨晚流星飛北斗，今朝磨墨且塗鴉。
春來更覺生涯好，午夜頻頻聽鼓蛙。

之(二)

北投難與輞川齊，輞水淪漣月在西。
遠火寒林燈隱隱，春風細雨草萋萋；

華子岡前山翠翠，臨湖亭下水迷迷。
大屯爭比匡廬好？夢裏甘棠綠柳堤。

原載七十九年（一九九〇）七月一日「新詩學報」第三期

二〇〇七年[illegible]月二十五日重讀重校於北投紅塵寄廬

墨人博士著作書目（校正版）

書目	類別	出版者	出版時間
一、自由的火焰 ⎫ 與《山之禮讚》合併	詩集	自印（左營）	民國三十九年（一九五〇）
二、哀祖國 ⎭ 易名《墨人新詩集》	詩集	大江出版社（臺北）	民國四十一年（一九五二）
三、最後的選擇	短篇小說	百成書店（高雄）	民國四十二年（一九五三）
四、閃爍的星辰	長篇小說	大業書店（高雄）	民國四十二年（一九五三）
五、黑森林	長篇小說	香港亞洲社	民國四十四年（一九五五）
六、魔障	長篇小說	暢流半月刊（臺北）	民國四十七年（一九五八）
七、孤島長虹（全集中易名爲富國島）	長篇小說	文壇社（臺北）	民國四十八年（一九五九）
八、古樹春藤	中篇小說	九龍東方社	民國五十一年（一九六二）
九、花嫁	短篇小說	九龍東方社	民國五十三年（一九六四）
一〇、水仙花	短篇小說	長城出版社（高雄）	民國五十三年（一九六四）
一一、白夢蘭	短篇小說	長城出版社（高雄）	民國五十三年（一九六四）
一二、颱風之夜	短篇小說	長城出版社（高雄）	民國五十三年（一九六四）

一三、白雪青山	長篇小說	長城出版社（高雄）	民國五十四年（一九六五）
一四、春梅小史	長篇小說	長城出版社（高雄）	民國五十四年（一九六五）
一五、洛陽花似錦	長篇小說	長城出版社（高雄）	民國五十四年（一九六五）
一六、東風無力百花殘	長篇小說	長城出版社（高雄）	民國五十四年（一九六五）
一七、合家歡	長篇小說	臺灣省新聞處（臺中）	民國五十四年（一九六五）
一八、紅樓夢的寫作技巧	文學理論	臺灣商務印書館（臺北）	民國五十五年（一九六六）
一九、塞外	短篇小說	臺灣商務印書館（臺北）	民國五十五年（一九六六）
二〇、碎心記	長篇小說	小說創作社（臺北）	民國五十六年（一九六七）
二一、藍姑	長篇小說	小說創作社（臺北）	民國五十七年（一九六八）
二二、鱗爪集	散　文	水牛出版社（臺北）	民國五十七年（一九六八）
二三、青雲路	短篇小說	臺灣商務印書館（臺北）	民國五十八年（一九六九）
二四、變性記	短篇小說	臺灣商務印書館（臺北）	民國五十八年（一九六九）
二五、龍鳳傳	長篇小說	幼獅書店（臺北）	民國五十九年（一九七〇）
二六、火樹銀花	長篇小說	立志出版社（臺北）	民國五十九年（一九七〇）
二七、浮生集	散　文	聞道出版社（臺南）	民國六十一年（一九七二）
二八、墨人詩選	詩　集	臺灣中華書局（臺北）	民國六十一年（一九七二）
二九、鳳凰谷	長篇小說	臺灣中華書局（臺北）	民國六十一年（一九七二）

三〇、墨人短篇小說選	短篇小說	臺灣中華書局（臺北）	民國六十二年（一九七三）
三一、斷腸人	短篇小說	臺灣學生書局（臺北）	民國六十二年（一九七三）
三二、詩人革命家胡漢民傳	傳記小說	近代中國社（臺北）	民國六十七年（一九七八）
三三、心猿	長篇小說	學人文化公司（臺北）	民國六十八年（一九七九）
三四、山之禮讚	詩　集	秋水詩刊（臺北）	民國六十九年（一九八〇）
三五、心在山林	散　文	中華日報社（臺北）	民國六十九年（一九八〇）
三六、墨人散文集	散　文	學人文化公司（臺中）	民國六十九年（一九八〇）
三七、山中人語	散　文	臺灣商務印書館（臺北）	民國七十二年（一九八三）
三八、花市	散　文	江山出版社（臺北）	民國七十四年（一九八五）
三九、三更燈火五更雞	散　文	江山出版社（臺北）	民國七十四年（一九八五）
四〇、墨人絕律詩集	詩　集	臺灣商務印書館（臺北）	民國七十六年（一九八七）
四一、全唐詩尋幽探微	文學理論	臺灣商務印書館（臺北）	民國七十六年（一九八七）
四二、第二春	短篇小說	采風出版社（臺北）	民國七十七年（一九八八）
四三、全唐宋詞尋幽探微	文學理論	臺灣商務印書館（臺北）	民國七十八年（一九八九）
四四、小園昨夜又東風	散　文	黎明文化公司（臺北）	民國八　十年（一九九一）
四五、紅塵（上、中、下三卷）	長篇小說	臺灣新生報社（臺北）	民國八　十年（一九九一）
四六、大陸文學之旅	散　文	文史哲出版社（臺北）	民國八十一年（一九九二）

四七、紅塵續集	長篇小說	臺灣新生報社（臺北）	民國八十二年（一九九三）
四八、墨人半世紀詩選	詩　選	文史哲出版社（臺北）	民國八十四年（一九九五）
四九、張本紅樓夢（上下兩巨冊）	修訂批註	湖南出版社（長沙）	民國八十五年（一九九六）
五〇、紅塵心語	散　文	圓明出版社（臺北）	民國八十五年（一九九六）
五一、年年作客伴寒窗	散　文	中天出版社（臺北）	民國八十六年（一九九七）
五二、全宋詩尋幽探微	文學理論	文史哲出版社（臺北）	民國八十九年（二〇〇〇）
五三、墨人詩詞詩話	詩詞・理論	詩藝文出版社（臺北）	民國八十九年（二〇〇〇）
五四、娑婆世界（定本）	長篇小說	昭明出版社（臺北）	民國八十八年（一九九九）
五五、白雪青山（定本）	長篇小說	昭明出版社（臺北）	民國八十九年（二〇〇〇）
五六、滾滾長江（定本）	長篇小說	昭明出版社（臺北）	民國八十九年（二〇〇〇）
五七、春梅小史（定本）	長篇小說	昭明出版社（臺北）	民國八十九年（二〇〇〇）
五八、紫燕（定本）	長篇小說	昭明出版社（臺北）	民國九　十年（二〇〇一）
五九、紅樓夢的寫作技巧（定本）	文學理論	昭明出版社（臺北）	民國九　十年（二〇〇一）
六〇、紅塵六卷（定本）	長篇小說	昭明出版社（臺北）	民國九　十年（二〇〇一）
六一、紅塵法文本	巴黎友豐（you fong）書局出版		二〇〇四年初版

附　註：

▲北京中國文聯出版社二〇〇三年出版　大陸教授羅龍炎・王雅清合著《紅塵》論專書

▲臺北市昭明出版社出版墨人一系列代表作，長篇小說《娑婆世界》、一百九十多萬字的空前大長篇《紅塵》（中法文本共出五版）暨《白雪青山》（兩岸共出六版）、《滾滾長江》、《春梅小史》、《紫燕》，短篇小說集、文學理論《紅樓夢的寫作技巧》（兩岸共出十四版）等書。臺灣中華書局出版的《墨人自選集》共五大冊，收入長篇小說《白雪青山》、《鹽姑》、《鳳凰谷》、《江水悠悠》（爲《東風無力百花殘》易名）、《短篇小說・詩選》合集。《哀祖國》及《合家歡》皆由高雄大業書店再版。臺北詩藝文出版社出版的《墨人詩詞詩話》創作理論兼備，爲「五四」以來詩人、作家所未有者。

▲臺灣商務印書館於民國七十三年七月出版先留英後留美哲學博士程石泉、宋瑞等數十人的評論專集《論墨人及其作品》上、下兩冊。

▲《白雪青山》於民國七十八年（一九八九）由臺北大地出版社第三版。

▲臺北中國詩歌藝術學會於一九九五年五月出版《十三家論文》論《墨人半世紀詩選》。

▲《紅塵》於民國七十九年（一九九〇）五月由大陸黃河文化出版社出版前五十四章（香港登記、深圳市印行）。大陸因未有書號未公開發行僅供墨人「大陸文學之旅」時與會作家座談時參考。

▲北京中國文聯出版公司於一九九二年十二月出版長篇小說《春梅小史》（易名《也無風雨也無晴》）；一九九三年四月出版《紅樓夢的寫作技巧》。

▲北京中國社會科學出版社於一九九四年出版散文集《浮生小趣》。

▲北京群眾出版社於一九九五年一月出版散文集《小園昨夜又東風》；一九九五年十月京華出版社出

版長篇小說《白雪青山》大陸版，第一版三千冊，一九九七年八月再版一萬冊。

▲長沙湖南出版社於一九九六年一月初出版墨人費時十多年精心修訂批註的《張本紅樓夢》，分上下兩大冊精裝一萬一千套。立即銷完，因未經墨人親校，難免疏失，墨人未同意再版。

Mo Jen's Works

1950 *The Flames of Freedom* (poems) 《自由的火焰》

1952 *Lament for My Mother Country* (poems) 《哀祖國》

1953 *Glittering Stars* (novel) 《閃爍的星辰》

The Last Choice (short stories) 《最後的選擇》

1955 *Black Forest* (novel) 《黑森林》

The Hindrance (novel) 《魔障》

The Rainbow and An Isolated Island (novel) 《孤島長虹》（全集中易名爲富國島）

1963 *The spring Ivy and Old Tree* (novelette) 《古樹春藤》

1964 *Narcissus* (novelette) 《水仙花》

A Typhonic Night (novelette) 《颱風之夜》

Ms.Pei Mong-lan（novelette）《白夢蘭》
The Joy of the Whole Family（novel）《合家歡》
Flower Marriage（novelette）《花嫁》
1965 *White Snow and Green Mountain*（novel）《白雪青山》
The Short Story of Miss Chung Mei（novel）《春梅小史》
The Powerless Spring Breeze and Faded Flowers（novel）《東風無力百花殘》（《江水悠悠》）
Flower Blossom in Loyang（novel）《洛陽花似錦》
1966 *The Writing Technique of the Dream of Red Chamber*（literature theory）《紅樓夢的寫作技巧》
Out of The Wild Frontier（novelette）《塞外》
1967 *A Heart-broken Story*（novel）《碎心記》
1968 *Miss Clever*（novel）《靈姑》
Trifle（prose）《鱗爪集》
1969 *The Road to Promotion*（novelette）《青雲路》
1970 *A Sex-change Story*（novelette）《變性記》
The Biography of the Dragon and the Phoenix（novel）《龍鳳傳》
1971 *A Brilliantly lighted Garden*（novel）《火樹銀花》
1972 *My Floating Life*（prose）《浮生記》

Selection of Mo Jen's Poems《墨人詩選》
A Heart-broken Woman（novelette）《斷腸人》
Phoenix Valley（novel）《鳳凰谷》
Mo Jen's Works（five volumes）《墨人自選集》
Selection of Mo Jen's short stores《墨人短篇小說選》
1978 *Hu Han-ming, the Poet and Revolutionist*（novel）《詩人革命家胡漢民》
1979 *The Mokey in the Heart*（i.e. The Purple Swallow renamed）《心猿》
1980 *The Hermit*（prose）《心在山林》
A Collection of Mo Jen's Prose（prose）《墨人散文集》
A Praise to Mountains（poems）《山之禮讚》
1983 *Mountaineer's Remarks*（prose）《山中人語》
1985 *My Candle Burns at Both Ends*（prose）《三更燈火五更雞》
Flower Market（prose）《花市》
1986 *A Mundane World*（novel, four volumes, over 1.9 million words）《紅塵》
1987 *Remarks on All Poems of the Tang Dynasty*（theory）《全唐詩尋幽探微》
1988 *Remarks On All Tsyr*（prose poem）*of the Tang and Sung Dynasties*（theory）《全唐宋詞尋幽探微》
1991 *The Breeze That Came From The East Last Night in My Little garden Again*（prose）《小園昨夜又東風》

1992 *Travel for Literature in Mainland China* (prose)《大陸文學之旅》

1995 *Selection of Mo Jen's Poems, 1992-1994*《墨人半世紀詩選》

1996 *I'll look upon the World*《紅塵心語》

Chang Edition of the Dream of Red Chamber《張本紅樓夢》（修訂批註）

1997 *Cherish thy guests and the Muses*《年年作伴寒窗》

1999 *Saha Shih Gai*《娑婆世界》

1999 *Remarks on All Poems of the sung Dynasties*《全宋詩尋幽探尋》

1999 *Mo Jen's Classical Poems and Prose Poems*《墨人詩詞詩話》

2004 *Poussiere Rouge*《紅塵》法文譯本

墨人博士創作年表（二〇〇五年增訂）

年度	年齡	發表出版作品及重要文學紀錄摘要
民國二十八年己卯（一九三九）	十九歲	在東南戰區《前線日報》發表〈臨川新貌〉。淪陷區著名的上海《大美晚報》隨即轉載。
民國二十九年庚辰（一九四〇）	二十歲	在《前線日報》發表〈希望〉、〈路〉等新詩作品。
民國三十年辛巳（一九四一）	二十一歲	在《前線日報》發表〈評夏伯陽〉書評等文。
民國三十一年壬午（一九四二）	二十二歲	在各大報發表〈苦難的行列〉、〈贛州禮讚〉〈長詩〉、〈老船夫〉、〈盲歌者〉、〈自己的輓歌〉、〈抹去那怯弱的眼淚吧〉、〈生命之歌〉、〈快割鳥〉、〈鷂鷹與雲雀〉等詩及散文多篇。
民國三十二年癸未（一九四三）	二十三歲	在各大報發表長詩〈鋤奸隊長〉、〈搜索連長〉、〈遙寄〉、〈寫在第七個七七〉、〈父親〉、〈受難的女神〉、〈城市的夜〉及〈火把〉、〈擊柝者〉、〈橋〉、〈古鐘〉、〈汽笛〉、〈山居〉、〈沙灘〉、〈夜行者〉、〈孤芳〉、〈蚊蟲〉、〈蒼蠅〉、〈園爾〉、〈陽光〉、〈深秋〉、〈贈某詩人兼寫自己〉、〈哀亡命詩人〉、〈自供〉、〈自题詩抄〉、〈哀歌〉、〈生活〉、〈給偶像崇拜者〉、〈戰書〉、〈燈下獨白〉、〈夜歸〉、〈失眠之夜〉、〈悼〉、〈殘英〉、〈黃昏曲〉、〈補綴〉、〈復活的季節〉、〈擬戀歌〉、〈晨雀〉、〈春耕〉、〈天空的搏鬥〉等長短抒情詩。另發表散文及短篇小說多篇。

民國三十三年甲申（一九三九）	二十四歲	發表〈山城草〉五首及〈沒有褲子穿的女人〉、〈襤褸的孩子〉、〈駝鈴〉、〈無聲的哭泣〉、〈長夜草〉、〈春夜〉、〈擬某女演員〉、〈蛙聲〉、〈麥笛〉等詩及散文多篇。
民國三十四年乙酉（一九四五）	二十五歲	發表〈最後的勝利〉及〈煉獄裏的聲音〉、〈神女〉、〈鬪〉等長詩與散文多篇。
民國三十五年丙戌（一九四六）	二十六歲	發表〈夢〉、〈春天不在這裡〉等詩及散文多篇。
民國三十六年丁亥（一九四七）	二十七歲	發表〈冬天的歌〉、〈流浪者之歌〉、〈手杖、煙斗〉及長詩〈上海抒情〉等與散文多篇。
民國三十七年戊子（一九四八）	二十八歲	主編軍中雜誌、撰寫時論，均不署名。
民國三十八年己丑（一九四九）	二十九歲	七月渡海抵臺，發表〈望獄〉、〈滿妹〉，及長詩〈自由的火燄〉、〈人類的實晋〉等及散文多篇。
民國三十九年庚寅（一九五〇）	三十歲	發表〈站起來，捏死他！〉、〈滾出去，馬立克！〉、〈英國人〉、〈海洋頌〉等詩。出版《自由的火燄》詩集。
民國四十年辛卯（一九五一）	三十一歲	發表〈春晨獨步〉、〈炫與殉〉、〈悼三閭大夫屈原〉、〈詩聯隊〉、〈心獄之歌〉、〈子夜獨唱〉、〈真理、愛情〉、〈友情的花朵〉、〈啊，西風啊！〉、〈歲暮吟〉、〈師生〉、〈往事〉、〈天書〉、〈歷程〉、〈雨天〉、〈火車飛馳在海岸線上〉、〈帶路者〉、〈送第一艦隊出征〉等詩、及〈哀祖國〉長詩。
民國四十一年壬辰（一九五二）	三十二歲	發表〈未完成的想像〉、〈鄺上吟〉、〈窗下吟〉、〈白髮吟〉、〈秋夜輕吟〉、〈秋訊〉、〈渴念，追求〉、〈寂寞，孤獨〉、〈冬眠〉、〈我想把你忘記〉、〈想念〉、〈成人的悲歌〉、〈訴〉、〈詩人〉、〈詩〉、〈貝絲〉、「春天的懷念」五首、〈和風〉、〈夜雨〉、〈臺灣海峽的霧〉等及散文、短篇小說多篇。出版《哀祖國》詩集。

民國四十二年癸巳（一九五三）	三十三歲	發表〈寄台北詩人〉等詩及散文短篇小說多篇。高雄百成書店出版短篇小說集《最後的選擇》，收入〈華玲〉、〈生死戀〉、〈梅蘭馨〉、〈敵人的故事〉、〈最後的選擇〉、〈蔣復成〉、〈姚醫生〉等七篇。大業書店出版長篇小說《閃爍的星晨》一、二兩冊。
民國四十三年甲午（一九五四）	三十四歲	發表〈雪萊〉、〈海鷗〉、〈鳳凰木〉、〈流螢〉、〈鵝鑾鼻〉、〈海邊的城〉、〈長夏小唱〉及散文、短篇小說多篇。
民國四十四年乙未（一九五五）	三十五歲	發表〈雲〉、〈F-86〉、〈顯GK〉等詩及散文、短篇小說多篇。香港亞洲出版社出版長篇小說《黑森林》，並獲中華文獎會國父誕辰長篇小說第二獎（第一獎從缺）。
民國四十五年丙申（一九五六）	三十六歲	發表〈四月〉等詩及散文、短篇小說多篇。
民國四十六年丁酉（一九五七）	三十七歲	發表〈月亮〉、〈九月之旅〉、〈雨和花〉等詩及長篇小說《魔障》。
民國四十七年戊戌（一九五八）	三十八歲	暢流半月刊雜誌社出版長篇連載小說《魔障》。
民國四十八年己亥（一九五九）	三十九歲	發表短篇小說、散文多篇。文壇雜誌社出版長篇小說《孤島長虹》（全集中易名為《寶島》）。
民國四十九年庚子（一九六〇）	四十歲	發表〈橫貫小唱〉等詩及散文、短篇小說多篇。
民國五十年辛丑（一九六一）	四十一歲	發表〈熱帶魚〉、〈豎琴〉、〈水仙〉等詩及短篇小說甚多。奧國維也納納富出版公司編選的《世界最佳小說選》選入短篇說〈馬腳〉，同時入選者有諾貝爾文學獎得主福克納、拉革克菲斯特等世界各國名作家作品。

民國五十一年壬寅（一九六二）	四十二歲	發表〈青鳥〉、〈兩腳獸〉、〈晚會〉、〈祈禱〉等詩及短篇小說甚多。奧國維也納納當出版公司又將短篇小說《小黃》（以江州司馬筆名撰寫者）選入《世界最佳小說選》，同時入選者有諾貝爾獎得主蕭洛霍夫、郭沫若及世界各國名作家作品。
民國五十二年癸卯（一九六三）	四十三歲	香港九龍東方文學出版社出版中篇小說《古樹春藤》。發表短篇小說、散文甚多。
民國五十三年甲辰（一九六四）	四十四歲	香港九龍東方文學社出版短篇小說集《花嫁》，收入〈教師爺〉、〈劉二爹〉、〈二媽〉、〈異鄉人〉、〈花嫁〉、〈扶桑花〉、〈南海屠鮫〉、〈高山曲〉、〈古寺心聲〉、〈誘惑〉、〈隱情〉、〈美珠〉、〈新苗〉、〈心聲淚影〉等十四篇。高雄長城出版社出版中短篇小說集《水仙花》，收入〈水仙花〉、〈銀杏表嫂〉、〈圓房記〉、〈江湖兒女〉、〈天鵝〉、〈賭徒〉、〈搶親〉、〈黃龍〉、〈風雪歸人〉、〈花子老鏑〉、〈靈雲寺的居士〉、〈人與樹〉、〈過客〉、〈阿婆〉、〈馬腳〉、〈小黃〉等十六篇。高雄長城出版社出版中短篇小說集《白夢蘭》。收入〈情敵〉、〈空手〉、〈師生〉、〈斷夢〉、〈黃昏曲〉、〈白夢蘭〉、〈平安夜〉、〈凱塞琳．萊蒙托夫與我〉、〈陽春白雪〉、〈亂世佳人〉、〈傷心之旅〉、〈白衣清淚〉、〈護士與病人〉、〈如夢記〉、〈除夕〉等十五篇。　高雄長城出版社出版《中華日報》連載的二十五萬字長篇小說《白髮青山》。　發表短篇小說、散文甚多。
民國五十四年乙巳（一九六五）	四十五歲	高雄長城出版社出版連載長篇小說《洛陽花似錦》、《春梅小史》、《東風無力百花殘》三部。　發表短篇小說、散文甚多。省政府新聞處出版長篇小說《合家歡》。
民國五十五年丙午（一九六六）	四十六歲	是年五月赴馬尼拉華僑文教講習會講授「紅樓夢的寫作技巧」及新詩課程一個月。商務印書館出版文學理論專著《紅樓夢的寫作技巧》、全書共十五萬字。商務印書館出版中短篇小說集《塞外》。收入〈塞外〉、〈驕子〉、〈百合花〉、〈天山風雲〉、〈白金龍〉、〈白狼〉、〈秋爾紫鵑〉、〈齊萬秋的衣缽〉、〈半路夫妻〉、〈百鳥聲喧〉、〈風竹與野馬〉、〈美人計〉、〈夜襲〉、〈花燭劫〉等十四篇。

民國五十六年丁未（一九六七）	四十七歲	發表短篇小說、散文甚多。小說創作社出版連載長篇小說《碎心記》。
民國五十七年戊申（一九六八）	四十八歲	小說創作社出版《中華日報》連載長篇小說《蠻姑》。水牛出版社出版散文集《鱗爪集》，收入〈家鄉的魚〉、〈家鄉的鳥〉、〈雪天的懷念〉、〈秋山紅葉〉、〈學問與創作之間〉等散文七十六篇、舊詩三首。
民國五十八年己酉（一九六九）	四十九歲	商務印書館出版中短篇小說集《青雲路》。收入〈世家子弟〉、〈青雲路〉、〈空槍記〉、〈久香〉等四篇。
民國五十九年庚戌（一九七〇）	五十歲	商務印書館出版中短篇小說集《變性記》。收入〈變性記〉、〈嬌客〉、〈歲寒圖〉、〈泥龍〉、〈祖孫父子〉、〈秋風落葉〉、〈老夫老妻〉、〈恩愛夫妻〉、〈布販與偷雞賊〉、〈芳鄰〉、〈沙漠王子〉、〈沙漠之狼〉、〈世界通先生〉、〈寶珠的祕密〉、〈奇緣〉等十五篇。幼獅文化事業公司出版長篇小說《龍鳳傳》。臺北立志出版社出版長篇《火樹銀花》出版全集時易名《同是天涯淪落人》。
民國六十年辛亥（一九七一）	五十一歲	立志出版社出版長篇小說《火樹銀花》。發表散文多篇及在高雄《新聞報》連載長篇小說《紫燕》。
民國六十一年壬子（一九七二）	五十二歲	闘道出版社出版散文集《浮生集》。收入〈文藝的危機〉、〈貝克特高風〉、〈五十年華〉等散文十三篇、舊詩六首。學生書局出版短篇小說散文合集《斷腸人》。收入短篇小說〈斷腸人〉、〈薇薇〉、〈相見歡〉、〈滄桑記〉、〈恩怨〉、〈夜宴〉等七篇及散文〈文學系與文學創作〉、〈大學國文教學我見〉、〈作家之死〉等十五篇。中華書局出版《鳳人自選集》五大冊。包括長篇小說《白雲青山》、《蠻姑》、《鳳凰谷》、《江水悠悠》（《東風無力百花殘》易名）及《短篇小說、詩選》（精選短篇小說二十八篇、抒情詩一〇六首），共一百五十萬字。
民國六十二年癸丑（一九七三）	五十三歲	發表散文多篇。列入英國劍橋國際傳記中心（International Biographical Centre Cambridge England）出版的《國際詩人名錄》（*International Who's Who in Poetry. 1973*）。

民國六十三年甲寅（一九七四）	五十四歲	出席第二屆世界詩人大會。 發表散文多篇。
民國六十四年乙卯（一九七五）	五十五歲	列入正中書局出版的《中華民國文藝史》（1975）。發表〈臺北的黃昏〉新詩一首及散文多篇。
民國六十五年丙辰（一九七六）	五十六歲	列入英國劍橋國際傳記中心出版的 *Men of Achievement. 1976* 發表〈歷史的會晤〉新詩及散文、短篇小說多篇。
民國六十六年丁巳（一九七七）	五十七歲	應 I.B.C 邀請於三月間赴義大利翡冷翠出席國際文藝交流大會（The 3rd I.B.C. International Congress on Arts and Communications）。會後環遊世界。發表〈羅馬之雲〉、〈羅馬之松〉、〈翡冷翠的女郎〉、〈翡冷翠之柳〉、〈塞納河〉等詩及羅馬掠影」、〈羊城記〉、〈威尼斯之旅〉、〈藝術之都翡冷翠〉、〈西雅奈與比薩斜塔〉、〈美國行〉、〈江戶、皇宮、御苑〉、〈環球心影〉等遊記。在《中國時報》發表有關中國文化論文〈中國文化的三條根〉，在《新生報》發表〈文藝界的『洋』瘋癲〉等多篇。
民國六十七年戊午（一九七八）	五十八歲	近代中國社出版長篇傳記小說《詩人革命胡漢民傳》。 列入英國劍橋國際傳記中心出版的《國際名人辭典》（*Dictionary of International Biogaphy.1978*）、《國際知識分子名錄》(*International Who's Who of Intellectual. 1978*、《國際人名剪影》 *International Register of Profiles*）、《國際社會名人錄》（*International Who's Who in Community Service*）、發表〈六月之荷〉詩一首。 在各報發表〈中國文化的宇宙觀〉、〈中國文化的真面目〉、〈文化、社會形態與當代文學創作（為亞洲文學會議而作）〉、〈人與宇宙自然法則〉等。 出席亞洲文學會議。　列入中華書局出版的《中華民國當代名人錄》（*Who's Who of R.O.C. 1978*）　列入行政院新聞局編印的一九七八年英文《中華民國年鑑名人錄》（*China Yearbook Who's Who*）。

民國六十八年己未（一九七九）	五十九歲	學人文化事業有限公司出版長篇小說《心猿》（《紫燕》易名）。發表短篇小說〈春〉、〈杏林之春〉、長詩〈亞吉米・卡特〉及〈山之禮讚〉五首。短篇〈客從故鄉來〉、〈人瑞〉。理論〈中國古典小說戲劇〉、〈抗戰文學的整理與再創作〉（《中央日報》）等多篇。
民國六十九年庚申（一九八〇）	六十歲	秋水詩刊社出版詩集《山之禮讚》、收集六十四年以後新詩四十四首及七言絕律詩十首。　中華日報社出版散文集《心在山林》、收集〈花甲豐中過〉、〈老當益壯〉、及抒情寫景散文數十篇。臺中學人文化事業出　版有限公司出版《墨人散文集》收集〈文化、社會形態與當代文學創作〉、〈人與宇宙自然法則〉、〈中國文化的三條根〉、〈宇宙爲心人爲本〉、〈文藝界的『洋』瘋癲〉等理論性散文數十篇。在《中央日報・副刊》發表〈紅樓夢研究的正確方向〉、《中華日報・副刊》發表〈人生六十樹常青〉、《青年戰士報・新文藝副刊》發表〈山中人語〉專欄文章〈山水之間〉、〈生命長短價值觀〉、〈寶刀未老〉、〈七進七出鬼門關〉、〈報人甘苦〉、〈杏壇生涯〉等。接受《大華晚報》採訪組副主任程榕寧兩次訪問，一爲談胡漢民生平、一爲談《易經》、《道德經》、命學、並發表〈醫學命學與人生〉專文。
民國七十年辛酉（一九八一）	六十一歲	繼續撰寫《山中人語》專欄。應臺中市《自由日報》特約撰寫《浮生小記》專欄。應行政院新聞局邀請參觀本省農漁畜牧事業單位、並在《中央日報》發表〈人在福中〉散文。接受臺灣廣播公司《成功之路》節目訪問、於四月廿七日晚八時半播出。在高雄《新聞報》發表〈撥亂反正說紅樓〉（六月十七、十八日）論文。
民國七十一年壬戌（一九八二）	六十二歲	九月赴漢城出席第二屆中韓作家會議、並在東京參加中日作家會議、曾暢遊南韓、北海道、大阪至東京名勝地區、歸後撰寫〈韓國掠影〉、〈秋遊北海道〉、發表於《中央日報》。列入中華民國名人傳記中心出版的《中華民國現代名人錄》。

		列入英國劍橋國際傳記中心出版的《傑出男女傳記》(*Men and Women of Distinction*)並附照片。 列入美國 MarQuis 公司出版的《世界名人錄》(*Who's Who in the World*)第六版。 接受義大利藝術大學授予的文學功績證書。
民國七十二年癸亥(一九八三)	六十三歲	商務印書館出版散文集《山中人語》,收集散文七十篇。
民國七十三年甲子(一九八四)	六十四歲	商務印書館出版《論羈人及其作品》上、下兩冊,包括評論文章六十餘篇。 列入義大利 Accademia Itlia 出版英、法、德、義四種文字的《國際文學史》(*The History of International Literature*)及《百科全書:當代人物(*The Encyclopadeia: Contemporary Personalities*)。 端午節(六月四日)開筆撰寫已構思準備十餘年的一百餘萬字的大長篇小說《紅塵》,年底完成初稿四十餘萬字。 十月在韓國漢城舉行的第四屆中韓作家會議,事忙未能出席,但提出一萬餘字的論文(古典與現代)一篇。
民國七十四年乙丑(一九八五)	六十五歲	由江山出版社出版《三更燈火五更雞》、《花市》散文集等兩本,前者收入散文、理論二十四篇,後者收入散文遊記二十七篇。 八月一日退休,專心寫作《紅塵》,於十二月底完成九十二章,告一段落,共一百二十萬字,超出《紅樓夢》十餘萬字,內有絕律詩(聯)三十一首。
民國七十五年丙寅(一九八六)	六十六歲	年初開始研讀《全唐詩》,撰寫《全唐詩尋幽探微》,十一月完成,共十二萬餘字,一面在《新聞報・西子灣》發表,並連同歷年所作絕律詩三十七首,定名為《羈人絕律詩集》,一併交與臺灣商務印書館簽約出版。 列入美國 A.B.I.出版的 5000 Personalities of the World,英國 I.B.C.出版的 *The International Authors and Writers Who's Who.*

民國七十六年丁卯（一九八七）	六十七歲	訪問考察東南亞地區、國家馬來西亞、新加坡、泰國、菲律賓、香港十七天、並出席多次座談會。 商務印書館出版《全唐詩尋幽探微》（附《鼎人絕律詩集》）。 《紅塵》長篇小說於三月五日開始在《臺灣新生報》連載。 七月四、五日出席在臺北市召開的抗戰文學研討會。 八月一日出席在高雄市召開的第七屆中韓作家會議。
民國七十七年戊辰（一九八八）	六十八歲	元月二日完成《全唐宋詞尋幽探微》（附《鼎人詩餘》）全書十六萬字。設於美國深受世界尊重的「國際大學基金會」（The Marquis Giuseppe Scicluna 1855-1907 International University Foundation）（Founded 1973）授予榮譽文學博士學位。
民國七十八年己巳（一九八九）	六十九歲	臺灣商務印書館出版《全唐宋詞尋幽探微》。 臺北大地出版社三版長篇小說《白雲青山》。 世界大學（World University）授予榮譽文學博士學位。
民國七十九年庚午（一九九〇）	七十歲	五月應大陸黃河文化實業公司邀請，作四十天文學之旅，與北京、上海、杭州、九江、武漢、西安、蘭州等地作家座談中華文化、文學創作、坦誠交換意見，獲得一致共識、真摯友情與尊敬、廣州電視臺並全程錄影，製作專輯播出，六月底返臺後即撰寫《大陸文學之旅》專著。 艾因斯坦國際學院基金會（Albert Einstein 1879-1955 International Academy Foundation）授予榮譽人文學博士學位。 榮列英國劍橋國際傳記中心出版的 IBC Book of Dedications.占全書篇幅五頁，刊登照片五張，介紹五十年創作生涯，十分翔實，篇幅之大，爲全書冠，並禮聘爲 IBC 副總裁。
民國八十年辛未（一九九一）	七十一歲	二月底新生報出版《紅塵》，二十五開本，上、中、下三鉅冊。黎明文化事業公司出版《小園昨夜又東風》散文集。 應香港廣大學院禮聘爲中國文學研究所客座指導教授。 《紅塵》榮獲新聞局著作金鼎獎及嘉新優良著作獎。

民國八十一年壬申（一九九二）	七十二歲	文史哲出版社出版《大陸文學之旅》。 應聘香港廣大學院中研所客座指導教授。 一月五日開筆寫《紅塵續集》，自九十三章起至一百二十章止，共四十萬字，六月十日完稿。《紅塵》全書共一百九十萬字。續集自十二月一日開始在《臺灣新生報・副刊》連載近年，雙破長篇鉅著及連載紀錄。中國廣播公司《中廣小說選播》節目，亦於十二月一日十四時三十分，在 AM657 千赫第一廣播網開始播出長篇鉅著《紅塵》上、中、下三冊，由鄭愛華小姐導播，集該公司播音精英，通力合作，龍老夫人一角由播音元老白銀飾演，其餘人物均為一時之選，效果奇佳，前所未有。　北京「中國文聯出版公司」出版《也無風雨也無晴》。 墨人故鄉九江《師專學報》，於本年起開闢《墨人研究》專欄，與《陶淵明研究》、《黃山谷研究》，並稱三大專欄，甚受教育、學術界重視。
民國八十二年癸酉（一九九三）	七十三歲	十月下旬，偕《秋水》詩刊同仁涂靜怡、雪柔、麥穗、汪洋萍、颻信子、林蔚穎等為慶祝《秋水》創刊二十周年，訪問哈爾濱、北京、西安三大都市，與當地詩人座談交流，水乳交融，兩岸詩人因而建立深厚友誼。十一月初，隻身訪問昆明、探親，昆明作協主席曉雪、八十多歲老作家李喬、小說家張昆華、《春城晚報》副總編輯熊廷武、副刊主編原因、理論家教授余斌、作家湯世傑、李錦華等集會歡迎，其中多為白族、彝族等少數民族作家，乃以雲南少數民族文化資源努力創作相勉，深獲共鳴。資深作家彭荊風，晚間並來下榻處暢談。 繼續應聘香港廣大學院中研所客座指導教授三年。 十二月新生報社出版《紅塵續集》，全書共四大冊，其實前後一貫，為一整體，該報為方便，乃以《續集》名之。一生心顯心血得以完成，在輕、薄、短、小及商品文學獨占市場情況下，亦一大異數。北京「中國文聯出版公司出版《紅樓夢的寫作技巧》。

民國八十三年甲戌（一九九四）	七十四歲	一月開始研讀自北京購回的《全宋詩》，擬續寫《全宋詩尋幽探微》。 四月十一日接受臺北復興廣播電臺《名人專訪》節目主持人裴雯小姐訪問；談一生寫作歷程及大長篇《紅塵》寫作經過。 臺北《世界論壇報》副社長兼副刊主編詩人評論家周伯乃先生，特自五月三十一日起一連三天出版特刊，慶祝七十晉五誕辰暨創作五十五周年，除刊出〈小傳〉、〈七五人生一首詩〉、〈中國新詩與傳統詩詞的聯合〉、〈叩開生命之門〉三篇新作外，並刊出蒙古族女詩人作家薩仁圖婭的〈墨人：屈原風骨中華魂〉，及馬來西亞霹靂州立女子中學校長、詩詞家、散文作家彭士麟女士論《紅塵》與大陸作家作品比較的書信、墨人著作校長、詩詞家、散文作家彭士麟女士論《紅塵》與大陸作家作品比較的書信、墨人著作目錄、美國兩個榮譽文學博士、一個人文學博士照片三張、《紅塵》獲獎照片一張、及周伯乃〈無限的祝禱〉文等。 八月七日，中國時報系的《工商日報‧讀書版‧大書坊》刊出蓉齡的《紅塵》墨人專訪文章，並配合攝影記者何日昌拍攝的墨人及《紅塵》四冊照片。 大陸廣州暨南大學中文系教授兼臺港暨海外華文文學研究中心主任、評論家潘亞暾，費時月餘撰寫《紅塵續集》論文達一萬餘字的〈偉大史詩的歸結〉，於九月二十一至二十五日在臺北市《世界論壇報‧副刊》全文刊出，見解不凡，對《續集》的成功更使他大吃一驚，因此，更肯定《紅塵》的史詩價值、地位。 八月二十八日第十五屆世界詩人大會在臺北召開，僅提出〈中國新詩與傳統詩詞的聯合〉論文一篇，並未出席，論文則由《中國詩刊》主編曾美霞女士代讀。
民國八十四年乙亥（一九九五）	七十五歲	一月，臺北文史哲出版社出版《墨人半世紀詩選》（一九四二—一九九四）。 一月十日應臺北廣播電臺《藝文夜話》主持人宋英小姐訪問，許導播秀玲決定十日開播《紅塵》全書四冊，每日廣播兩次。 中國詩歌藝術學會主辦、中國文藝協會協辦，於五月二十二日在臺北市中國文藝協會舉行《墨人世半紀詩選》學術研討會，與會詩人、評論家六十餘人，討論情況熱烈，並印發海峽兩岸評論家王常新、古繼堂、古遠清、李春生、楊允達、周伯乃等十三家論文專集。各家均推崇、肯定新舊詩兩方面的成就與半個多世紀的貢獻。

		英國劍橋國際傳記中心頒贈二十世紀文學傑出成就獎。榮列一九九五年英國劍橋國際傳記中心出版的 The Definitive Book of the Deputy Directors General of the IBC.佔全書篇幅五頁，刊登照片五張，爲全書之冠。
民國八十五年丙子（一九九六）	七十六歲	臺北圓明出版社出版涵蓋儒、釋、道三家思想的散文集《紅塵心語》。卷首有珍貴的文學照片十餘張。 臺北中國詩歌藝術學會出版《十三家論文》論《墨人半世紀詩選》。
民國八十六年丁丑（一九九七）	七十七歲	臺北中天出版社出版與《紅塵心語》爲姊妹集的散文集《年年作客伴寒窗》，各篇亦均以五、七言詩作題，內中作者詩詞亦多，並附錄珍貴文學資料訪問記、特寫、著作目錄等十餘篇。出任「乾坤」詩刊顧問，並主編該刊古典詩詞。 完成《墨人詩詞詩話》、《全宋詩辭幽探微》兩書全文。
民國八十七年戊寅（一九九八）	七十八歲	構思六年的以佛學精義結合修行心得化爲文學創作的長篇小說《娑婆世界》，於三月二十八日開筆，十二月脫稿。共三十八章，五十多萬字。 英國劍橋國際傳記中心（IBC）出版《二十世紀傑出人物》以照片配合文字將墨人傳記刊卷首重要位置，並頒發獎狀。大陸中國國際經濟文化交流促進會、燕京國際文化藝術研究會等七大單位編纂出版的《世界華人文學藝術界名人錄》，中國國際交流出版社出版的《世界名人錄》，均爲十六開巨型中文本。
民國八十八年己卯（一九九九）	七十九歲	本年爲來臺五十周年、創作六十周年、中國習俗八十歲，昭明出版社出版長篇小說《娑婆世界》。 美國傳記學會（ABI）出版二十世紀《五百位有影響力的領袖》，以照片配合文字將墨人傳記刊於卷首重要位置並頒發獎狀。照片及詩詞五首編入中國《當代吟壇》巨著。　美國「世界智庫」與艾因斯坦國際學會基金會」聯合頒贈墨人傑出成就榮譽獎，以紀念千禧年，並榮列中國出版的《中華精英大全》。 美國傳記學會頒贈墨人「二十世紀成就獎」。

民國八十九年庚辰（二〇〇〇）	八十歲	臺北昭明出版社陸續出版定本長篇小說《白雪青山》、《滾滾長江》、《春梅小史》；文學理論《紅樓夢的寫作技巧》、連同民國八十八年出版的長篇小說《娑婆世界》、並列為墨人一系列代表作品，以慶祝墨人八十整壽。 臺北詩藝文出版社出版《墨人詩詞詩話》。 臺北文史哲出版社出版《全宋詩尋幽探微》。
民國九十年辛巳（二〇〇一）	八十一歲	臺北昭明出版社出版長篇小說定本《紅塵》全書六冊及長篇小說《紫燕》定本。
民國九十一年壬午（二〇〇二）	八十二歲	五月三日偕長子邏翰赴上海訪友小住。 英國劍橋國際傳記中心授予「終身成就獎」。
民國九十二年癸未（二〇〇三）	八十三歲	八月底偕夫人及在臺子女四人經上海轉往故鄉九江市掃墓探親並遊廬山。
民國九十三年甲申（二〇〇四）	八十四歲	準備出版全集（經臺北榮民總醫院檢查無任何疾病。）巴黎 you-Feng 書局出版豪華典雅法文本《紅塵》。
民國九十四年乙酉（二〇〇五）	八十五歲	此後五年不遠行，以防交通意外，準備資料。計劃百歲前開筆撰寫新長篇小說。 北京「中央出版社」出版《強國丰碑》，以著名文學家張萬熙為題刊出墨人傳略，為臺灣及海外華人作家唯一入選者。並先後接到北京電話、書函邀請寄送資料編入《一代名家》、《中華文化藝術名家名作世界傳播錄》。
民國九十五年丙戌（二〇〇六）至民國一百年（二〇一一）——	八十六歲至九十二歲——	重讀重校全集，已與臺北市文史哲出版社簽訂出版《墨人博士作品全集》合約、 民國一百年年內可以出版。此為「五四」以來中國大陸與臺灣所未有者。